No. 1

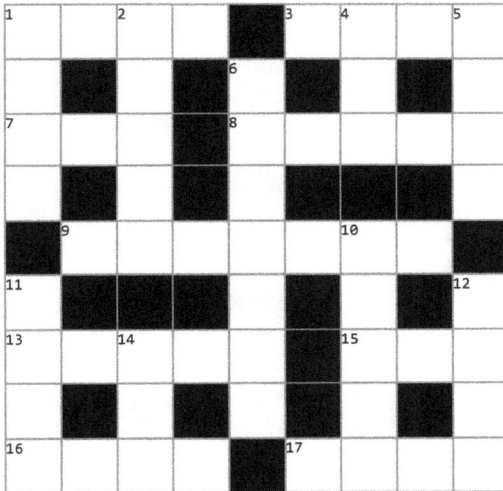

Across

1. cliff
3. shore
7. not
8. examination
9. to set
13. countries
15. bee
16. acts
17. black

Down

1. kidneys
2. tongs
4. anger
5. area
6. shop
10. real
11. spy
12. zero
14. east

No. 2

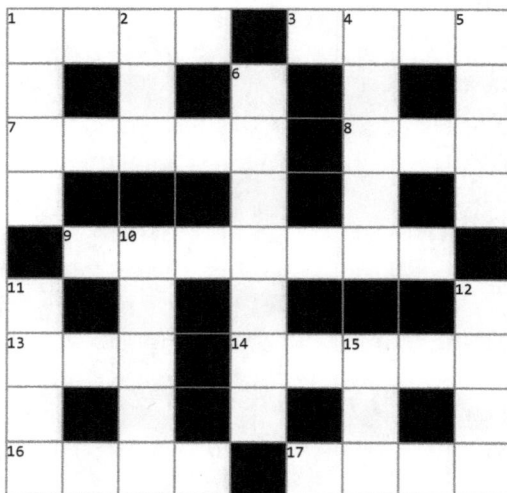

Across
1. (I) see
3. net
7. cook
8. your; yours
9. never
13. him
14. long
16. oil
17. alive

Down
1. voice
2. god
4. extra
5. heroes
6. normal
10. beginnings
11. sour
12. few
15. we; us

Lexis Rex
Italian Crosswords
Level 1, Volume 1

Welcome to the Lexis Rex Italian Crossword series, specially created for new and intermediate Italian language students.

Each volume has 125 crosswords to keep you practiced in Italian vocabulary, all of the clues are given in English. We have chosen the words from a set of the most common Italian words at the various levels, words you will find very useful to know as you build your Italian mastery. For Level 1 crosswords there are over 800 words to learn and know.

Some notes about the clues: For verb conjugations, we give the personal pronoun in parenthesis in the English clue to indicate the inflection of the answer. There may be some ambiguity, for example with the English *you*, which may stand for the formal, informal, singular or plural second-person pronouns in Italian. For the verb tenses, we have limited the modes to the indicative present, past and future. There are also Italian phrases (the clue will show the number of letters in each word of the phrase) and plurals.

We hope you enjoy our crosswords, a great way to challenge your Italian knowledge and discover new words.

Published by Lexis Rex Language Books
Brisbane, Australia
books@lexisrex.com

ISBN 978-1-925561-00-5

No. 3

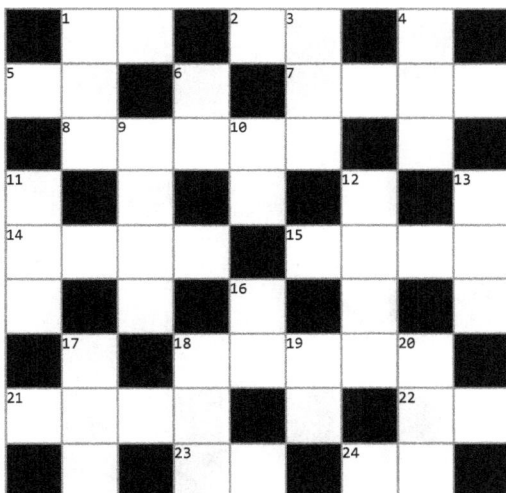

Across

1. ourselves
2. king
5. *(I)* go
7. dinner
8. grandfather
14. saw
15. finger
18. anxiety
21. tram
22. there
23. the
24. from

Down

1. with
3. echo
4. one
6. in
9. today
10. nor
11. use
12. myths
13. after
16. an
17. between; among
18. *(you/tu)* love
19. up
20. wing

No. 4

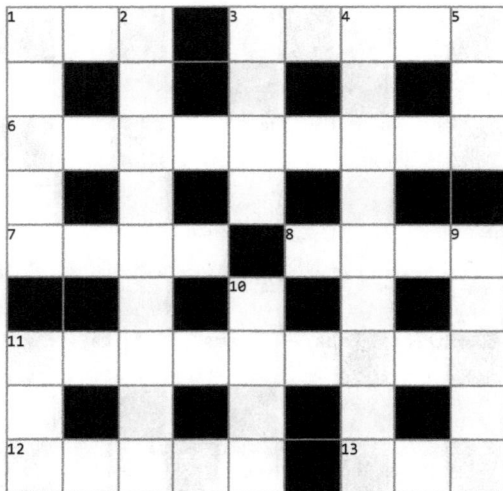

Across

1. hour
3. tomb
6. ambulance
7. it
8. *(I)* say
11. wrong
12. diet
13. hey

Down

1. to dare
2. to lower
3. such
4. to beg
5. *(he)* loves
9. smells
10. dawn
11. south

No. 5

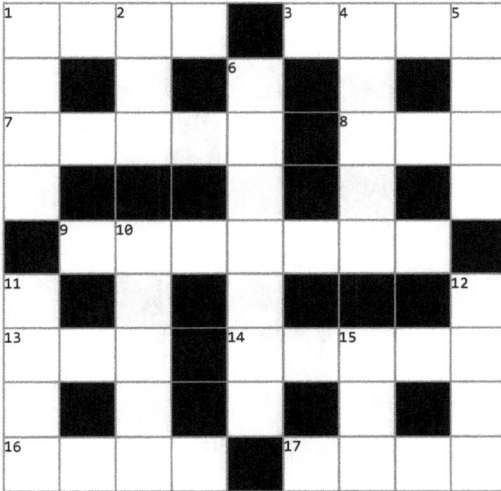

Across

1. seeds
3. bear
7. wheel
8. six
9. horn
13. (I) love
14. rich
16. thought; idea
17. turn; ride

Down

1. evenings
2. my
4. toad
5. hatred
6. (I will) leave
10. lion
11. taxi
12. mouse
15. who; whom

No. 6

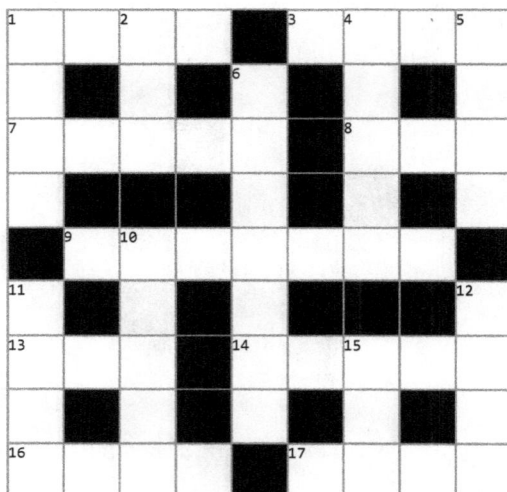

Across
1. grass
3. high
7. sorry; excuse
8. gas
9. monkey
13. his
14. fault; blame
16. air
17. sites

Down
1. they
2. blue
4. laws
5. bone
6. drug
10. crosses
11. bait
12. base
15. he

No. 7

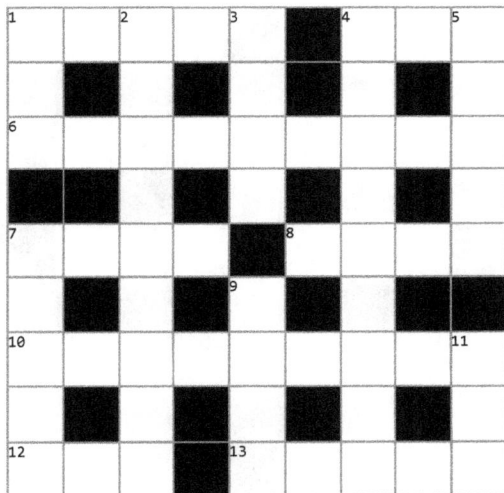

Across

1. swan
4. skiing
6. electric
7. care
8. fashion
10. to book
12. needle
13. *(he will)* love

Down

1. that
2. warrior
3. eight
4. to slip
5. island
7. goat
9. pink
11. age

No. 8

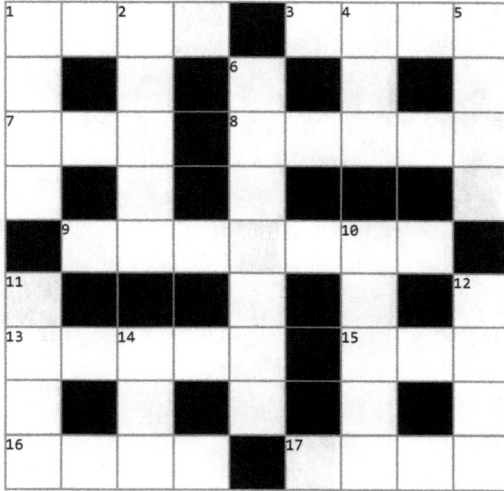

Across

1. *(you/tu)* see
3. ruler
7. three
8. loyal
9. cyclone
13. west
15. mole
16. *(you/voi)* say
17. vase

Down

1. screw
2. ten
4. anger
5. area
6. howl
10. grandmother
11. north
12. man
14. east

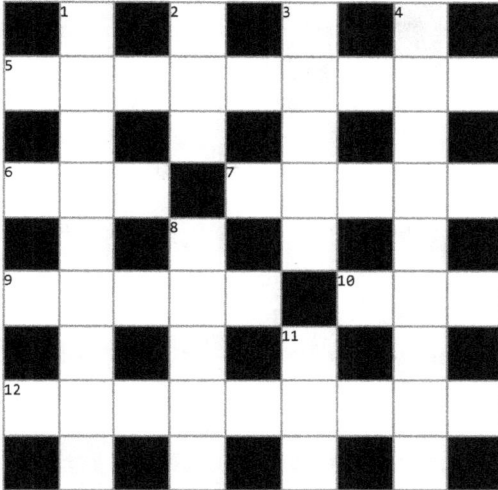

Across

5. to discuss
6. zoo
7. damp
9. leaks
10. grape
12. host

Down

1. to rest
2. ever
3. atom
4. *(you were)* believing
8. mine (2,3)
11. bar

No. 10

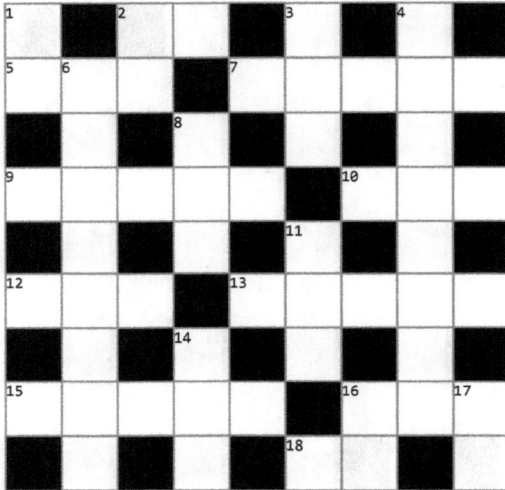

Across

2. the
5. echo
7. fears
9. role
10. more
12. she
13. bubble
15. to remain
16. with
18. me; myself

Down

1. if
2. I
3. *(you/tu)* go
4. claw
6. cruelty
8. him
11. not
14. crane
16. ourselves
17. nor

No. 11

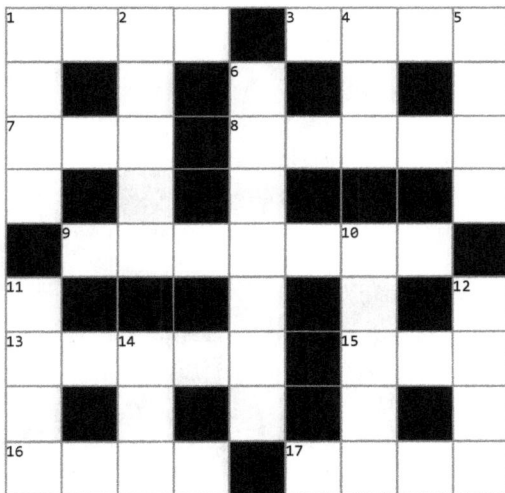

Across

1. years
3. breast
7. your; yours
8. friends
9. *(I)* saw (2,5)
13. sport
15. goose
16. heroes
17. *(you/tu)* say

Down

1. act
2. new; fresh
4. hey
5. oil
6. *(he)* saw (2,5)
10. *(I)* find
11. axis
12. oasis
14. gold

No. 12

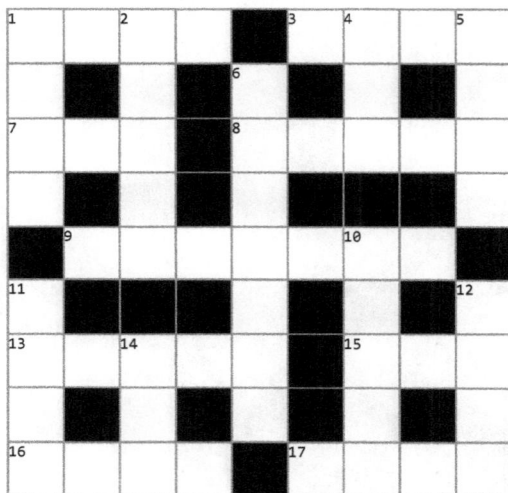

Across
1. copper
3. wall
7. south
8. smells
9. to fish
13. alcohol
15. between; among
16. spies
17. name

Down
1. rice
2. mother
4. one
5. hatred
6. mug
10. rear
11. chaos
12. hunger
14. who; whom

No. 13

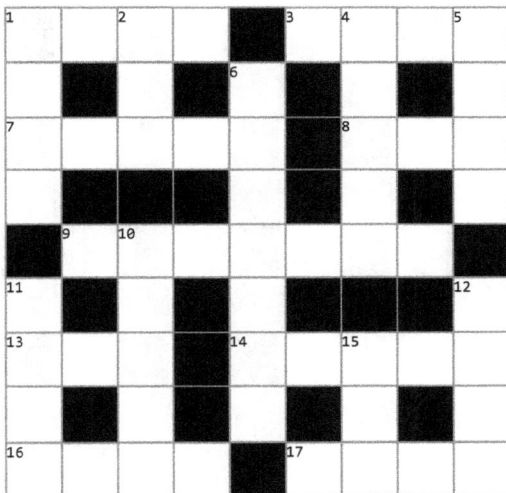

Across

1. mouse
3. today
7. before
8. hours
9. never
13. (you/tu) love
14. glue
16. air
17. (I will) say

Down

1. guy; type
2. after
4. joy
5. thought; idea
6. drug
10. beginnings
11. blade
12. (I will) do
15. he

No. 14

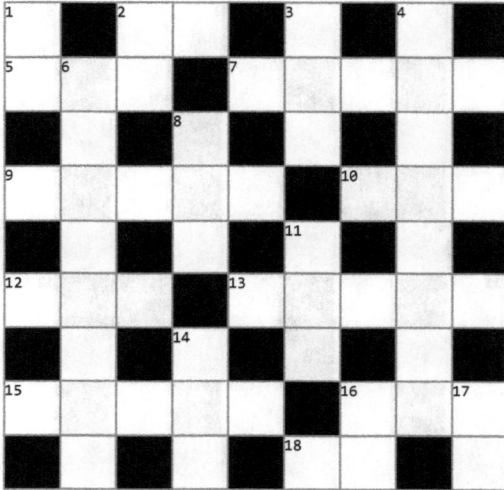

Across
2. *(I)* have
5. wing
7. marches
9. copy
10. *(you/tu)* do
12. gas
13. museum
15. farewell
16. six
18. there

Down
1. from
2. *(he)* has
3. *(you/tu)* have
4. to happen
6. leopard
8. aunt
11. his
14. uncle
16. yes
17. in

No. 15

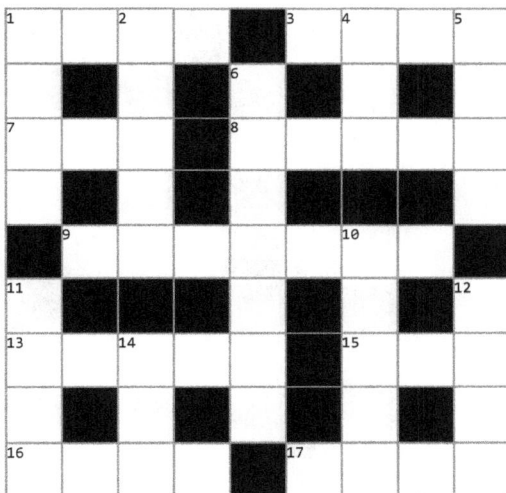

Across
1. goddess
3. wave
7. three
8. style
9. lady
13. west
15. (I) love
16. art
17. seeds

Down
1. finger
2. (you/tu) come
4. we; us
5. area
6. stupidity
10. real
11. fashion
12. voices
14. east

No. 16

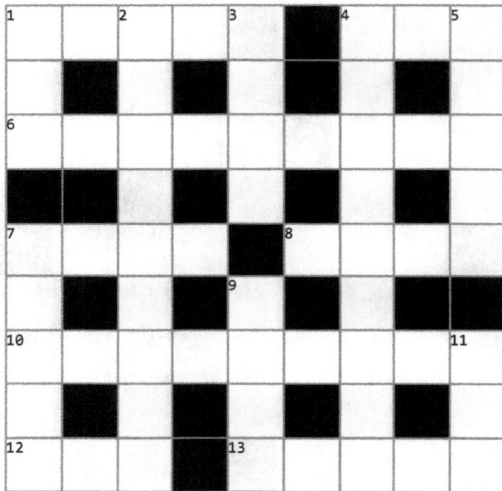

Across

1. void
4. anger
6. killer
7. cares
8. eight
10. to slip
12. bee
13. *(he will)* love

Down

1. way; away
2. to build
3. bone
4. to inject
5. atom
7. coast
9. thing
11. age

No. 17

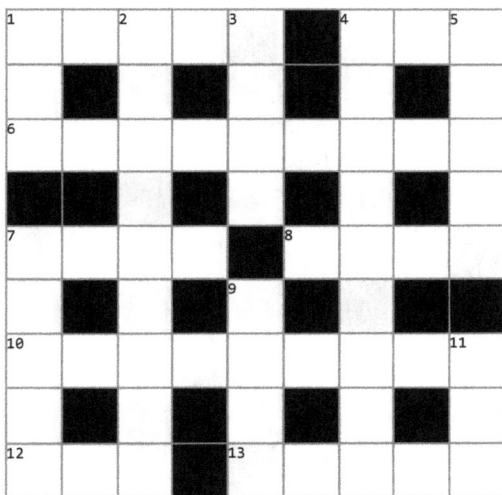

Across

1. backpack
4. (*you/tu*) go
6. ordinary
7. coffin
8. file
10. rational
12. needle
13. vinegar

Down

1. zoo
2. address
3. every
4. vertical
5. island
7. beard
9. tail
11. echo

No. 18

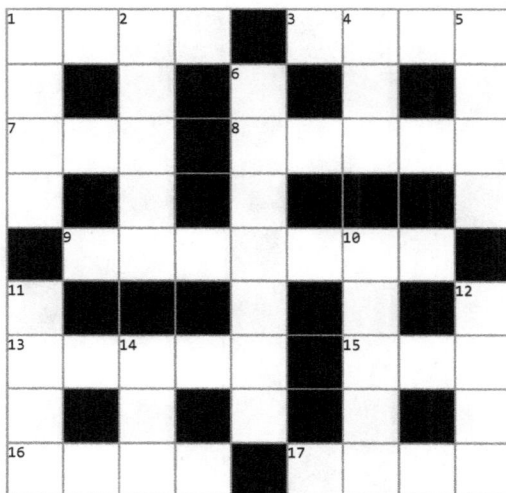

Across

1. cries
3. throat
7. my
8. sport
9. desert
13. whose (2,3)
15. ever
16. years
17. *(he will)* do

Down

1. man
2. lion
4. gold
5. high
6. inn
10. tomb
11. ruler
12. *(he will)* say
14. with

No. 19

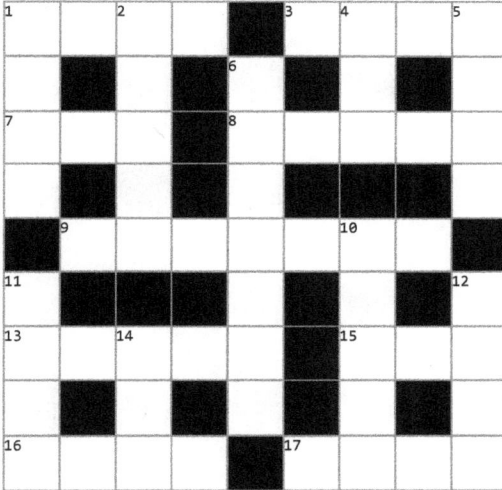

Across
1. pole; rod
3. gravy
7. mole
8. smells
9. to touch
13. alcohol
15. between; among
16. oil
17. note

Down
1. bread
2. place
4. one
5. hatred
6. mug
10. broken
11. vase
12. fame
14. who; whom

No. 20

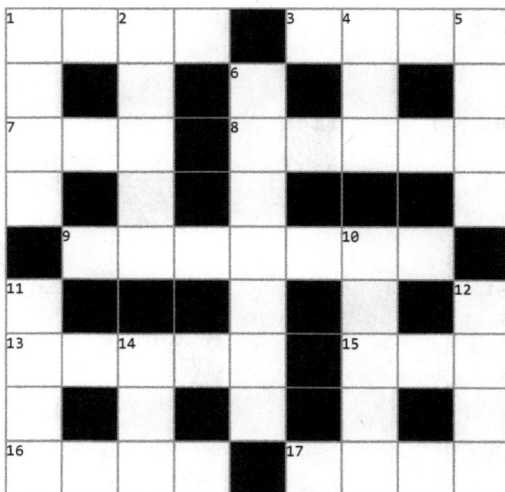

Across
1. sides
3. dogs
7. not
8. to remain
9. ant
13. shields
15. *(you/tu)* love
16. hero
17. pair

Down
1. moon
2. tuna
4. *(he)* loves
5. thought; idea
6. example
10. club
11. axis
12. turn; ride
14. use

No. 21

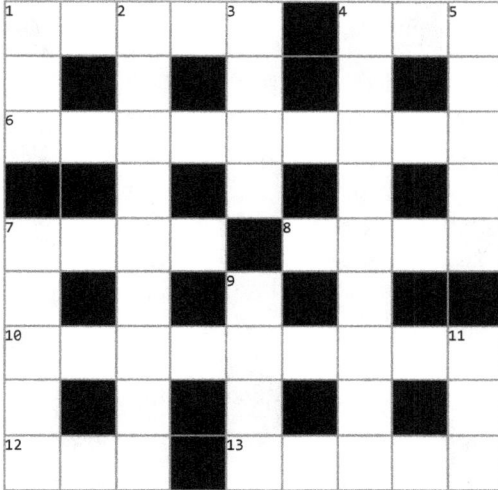

Across

1. meal
4. south
6. engineer
7. to drink
8. dawn
10. *(we will)* put
12. wing
13. heir

Down

1. after
2. cigarette
3. today
4. to choose
5. diet
7. bomb
9. kidney
11. hours

No. 22

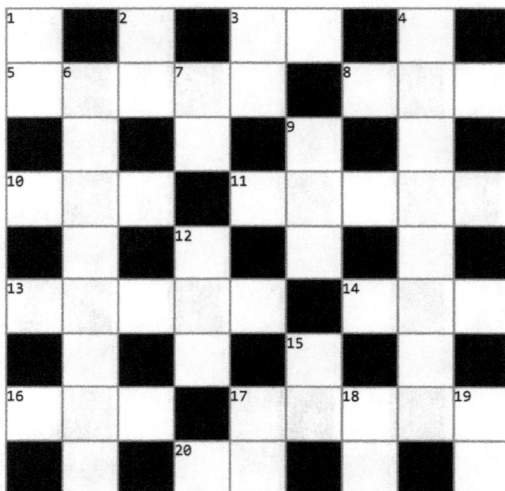

Across

3. in
5. swimming
8. skiing
10. goose
11. damage
13. farewell
14. *(I)* love
16. crane
17. *(you will)* say
20. *(he)* knows

Down

1. an
2. *(I)* go
3. I
4. economy
6. to kill
7. tea
9. bar
12. more
15. ourselves
17. from
18. king
19. the

No. 23

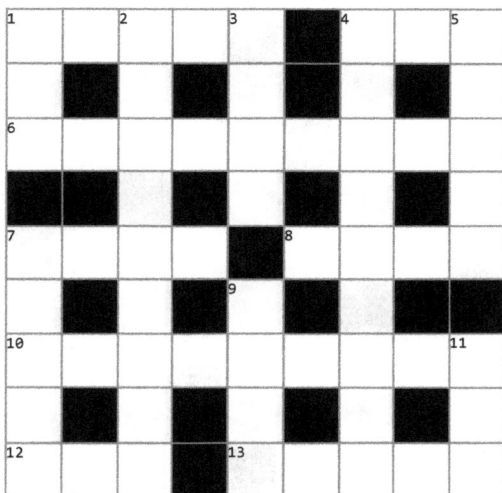

Across

1. shouts
4. way; away
6. week
7. north
8. sour
10. toaster
12. hey
13. *(he will)* love

Down

1. gas
2. interests
3. air
4. to travel
5. bitter
7. night
9. wool
11. age

No. 24

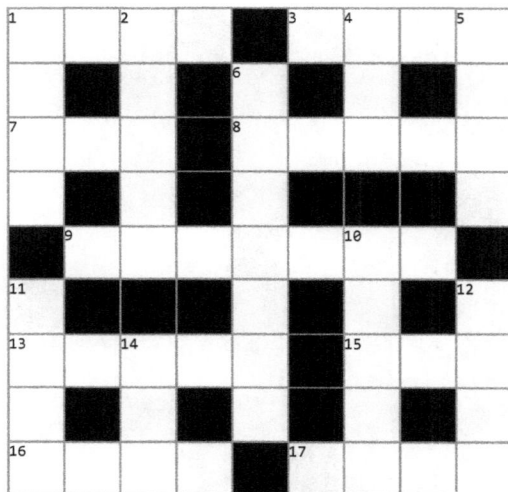

Across

1. fig
3. bait
7. that
8. flower
9. syringe
13. countries
15. *(you/tu)* do
16. acts
17. mouse

Down

1. seal
2. skies
4. his
5. area
6. office
10. clumsy
11. spy
12. myth
14. east

No. 25

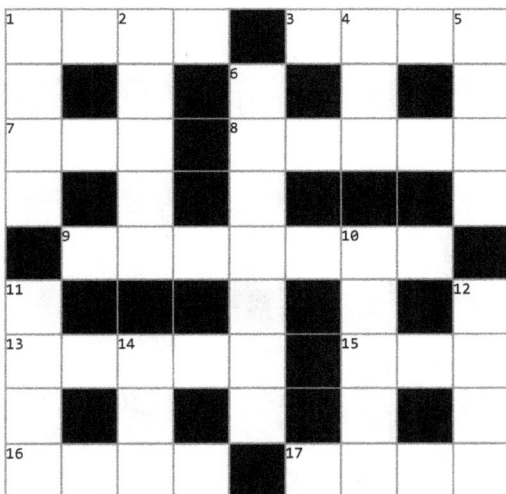

Across

1. (I) see
3. healthy
7. three
8. sport
9. misery
13. whose (2,3)
15. gold
16. years
17. dear; expensive

Down

1. screw
2. ten
4. needle
5. eight
6. inn
10. island
11. file
12. knot
14. with

No. 26

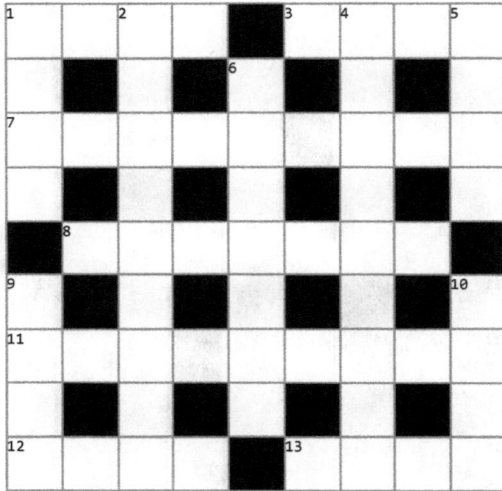

Across
1. nose
3. born
7. to steer
8. reverse
11. electric
12. hatred
13. yesterday

Down
1. nest
2. strangers
4. to blush
5. oil
6. objects
9. black
10. voices

No. 27

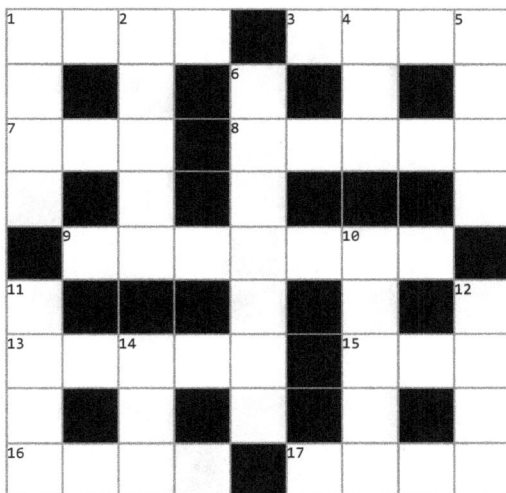

Across

1. blade
3. sides
7. not
8. thorns
9. monarch
13. west
15. he
16. heroes
17. guy; type

Down

1. moon
2. beef
4. *(you/tu)* love
5. thought; idea
6. assault
10. knocks
11. tails
12. *(I)* say
14. echo

No. 28

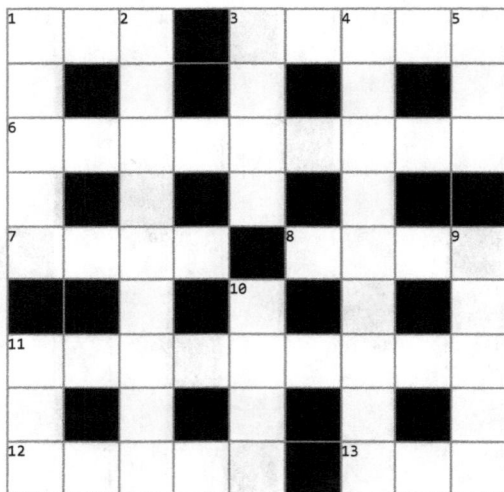

Across
1. use
3. vast
6. scar
7. oasis
8. home; house
11. *(we will)* find
12. olive
13. bee

Down
1. doorway
2. occasions
3. high
4. spring
5. hours
9. love
10. topic
11. your; yours

No. 29

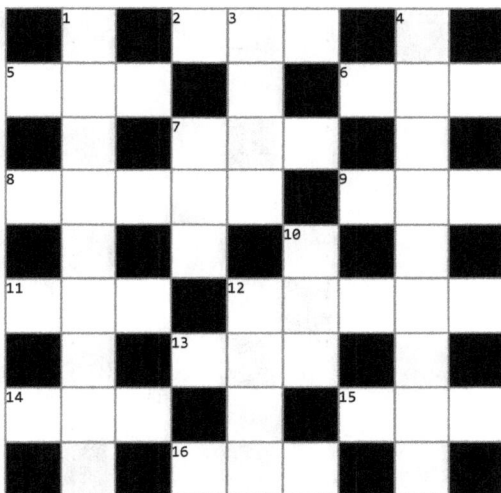

Across

2. we; us
5. my
6. ever
7. him
8. book
9. *(you/tu)* go
11. south
12. balls
13. after
14. between; among
15. blue
16. zoo

Down

1. to decrease
3. edge
4. parallel
7. crane
10. *(you/tu)* have
12. few

No. 30

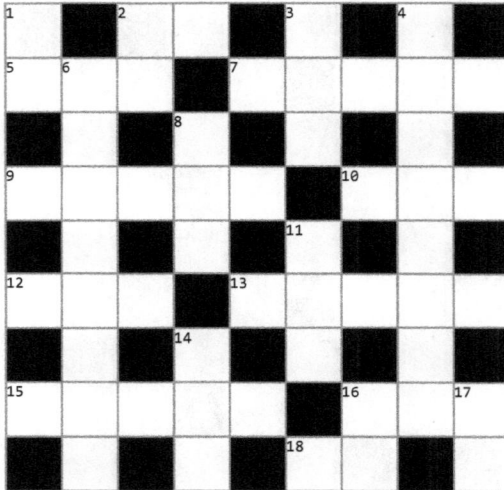

Across

2. if
5. *(he)* loves
7. maps
9. fights
10. she
12. mole
13. museum
15. ass
16. six
18. there

Down

1. *(he)* does
2. *(he)* knows
3. bar
4. to squeeze
6. to move
8. age
11. two
14. one
16. yes
17. the

No. 31

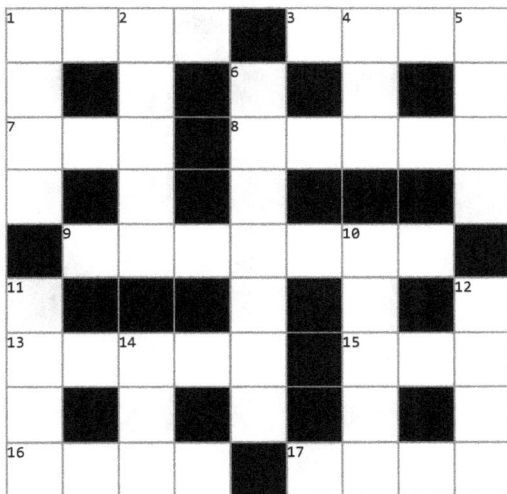

Across

1. gravy
3. bait
7. gas
8. glow
9. coward
13. countries
15. skiing
16. act
17. pink

Down

1. saw
2. taste
4. his
5. area
6. wage
10. disk
11. spy
12. shore
14. east

No. 32

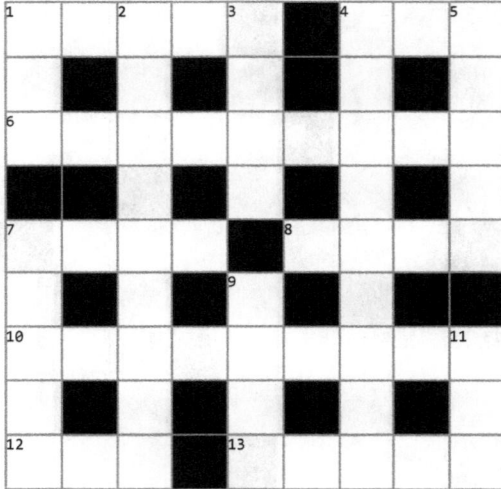

Across

1. grave
4. who; whom
6. intestine
7. air
8. file
10. wrong
12. wing
13. oats

Down

1. *(you/tu)* do
2. week
3. ace
4. criminal
5. island
7. anxiety
9. dawn
11. goose

No. 33

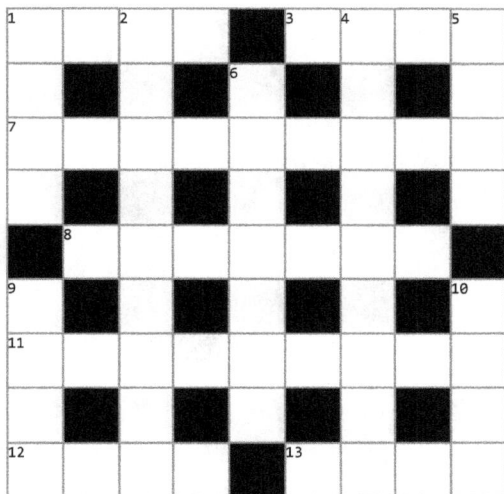

Across
1. vase
3. headlight
7. to steer
8. reverse
11. electric
12. oil
13. snow

Down
1. (I) see
2. strangers
4. to blush
5. hatred
6. objects
9. black
10. pardon

No. 34

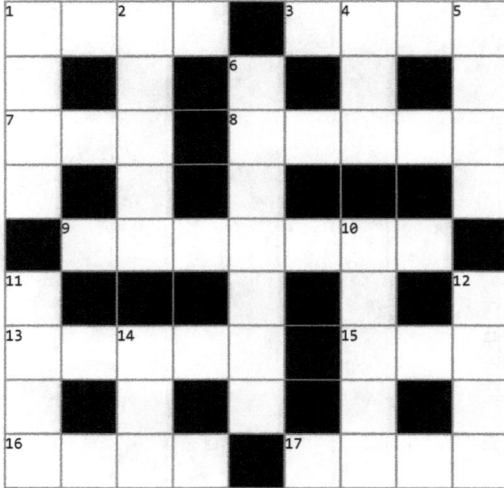

Across
1. month
3. lights
7. three
8. to remain
9. heel
13. west
15. gold
16. heroes
17. note

Down
1. myths
2. sphere
4. grape
5. thought; idea
6. isolated
10. swimming
11. where
12. throat
14. echo

No. 35

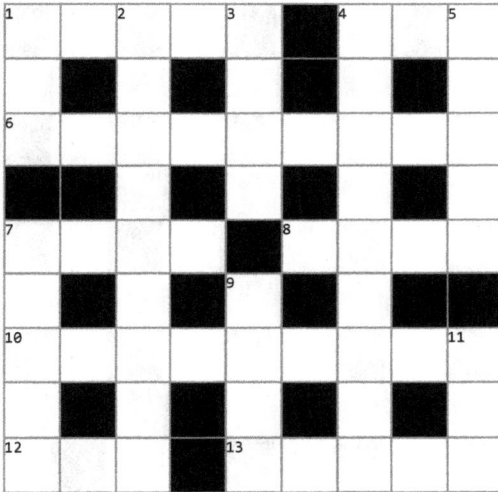

Across

1. friend
4. anger
6. host
7. screw
8. grass
10. fifty
12. hours
13. to dare

Down

1. needle
2. powerless
3. eight
4. ignorance
5. *(he was)* having
7. void
9. hole
11. bee

No. 36

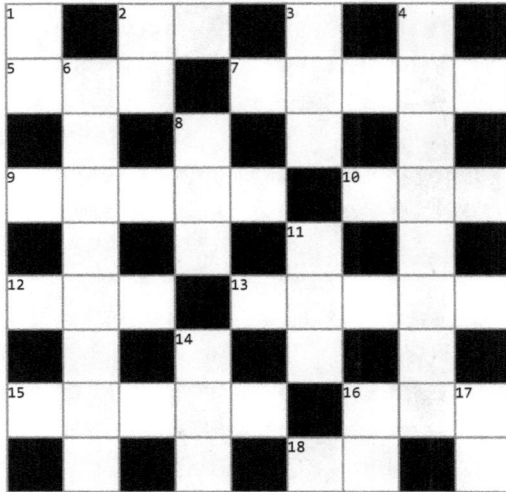

Across
2. *(he)* has
5. use
7. break
9. radio
10. aunt
12. uncle
13. *(you will)* say
15. too; also
16. with
18. me; myself

Down
1. up
2. *(I)* have
3. ever
4. stubborn
6. seasons
8. my
11. god
14. that
16. ourselves
17. nor

No. 37

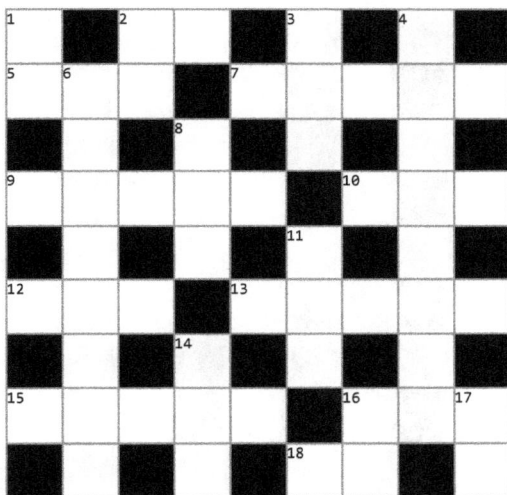

Across
2. if
5. *(he)* loves
7. envelope
9. death
10. already
12. she
13. fern
15. ass
16. *(you/tu)* go
18. I

Down
1. from
2. *(he)* knows
3. south
4. slice
6. to move
8. age
11. mole
14. one
16. *(I)* go
17. in

No. 38

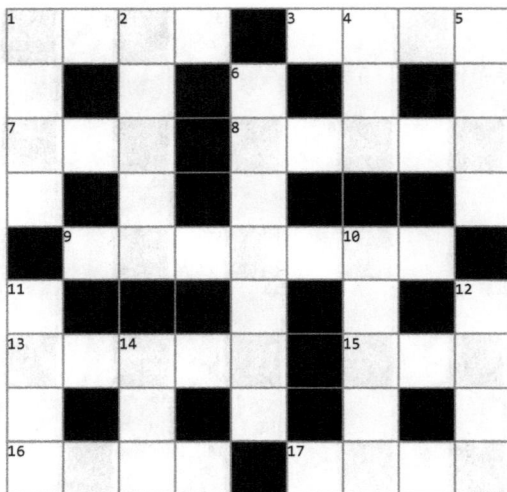

Across
1. cry
3. silk
7. way; away
8. thorns
9. Friday
13. countries
15. between; among
16. acts
17. mouse

Down
1. egg
2. loyal
4. hey
5. area
6. inn
10. said
11. spy
12. side
14. east

No. 39

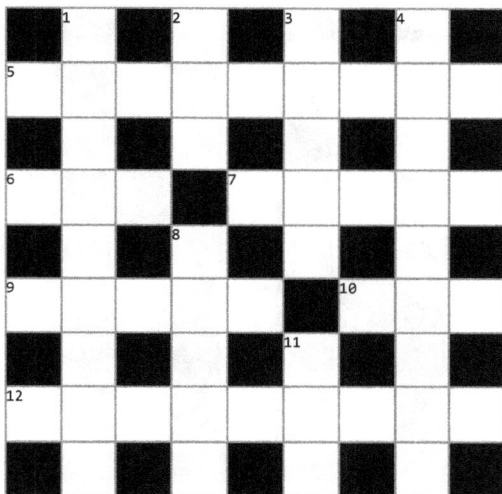

Across

5. aftershave
6. skiing
7. book
9. weather
10. goose
12. ordinary

Down

1. to cuddle
2. zoo
3. kiss
4. hug
8. vast
11. bar

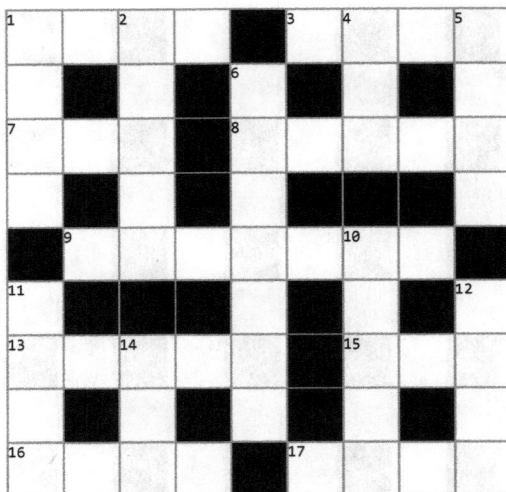

Across

1. pure
3. dawn
7. gas
8. beginnings
9. to twist
13. grandfathers
15. (I) love
16. every
17. snow

Down

1. pay
2. toad
4. he
5. air
6. risk
10. real
11. year
12. nut
14. not

No. 41

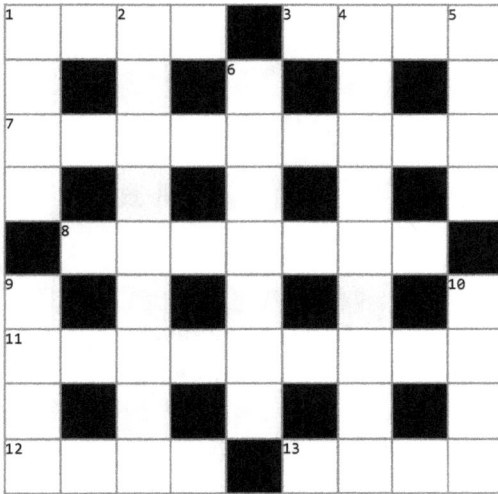

Across

1. yesterday
3. lonely
7. explosives
8. example
11. bold
12. oil
13. sail

Down

1. thought; idea
2. to rest
4. original
5. hatred
6. lungs
9. bone
10. fashion

No. 42

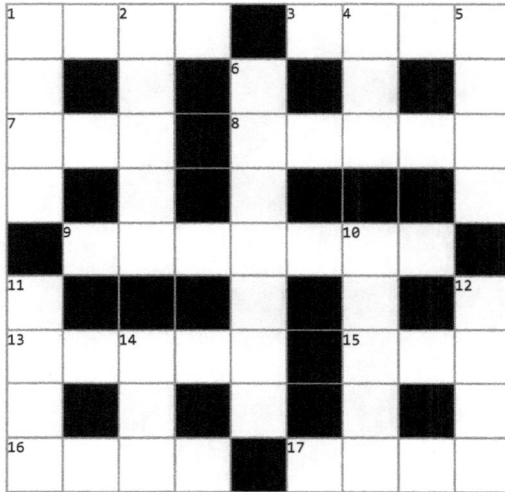

Across
1. ace
3. nose
7. six
8. sport
9. palaces
13. west
15. anger
16. hero
17. pardon

Down
1. axis
2. dare
4. needle
5. eight
6. assault
10. backpack
11. boxing
12. copper
14. echo

No. 43

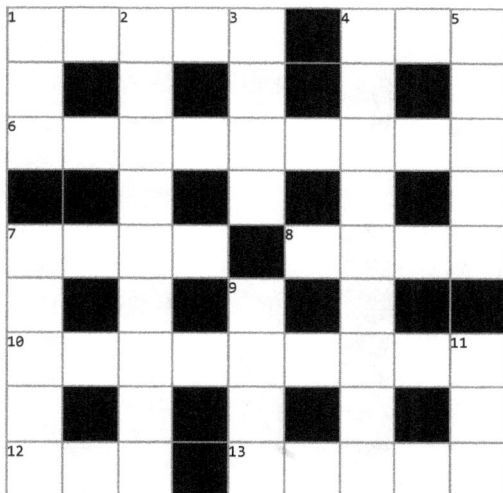

Across

1. March
4. with
6. intestine
7. chaos
8. (I) say
10. staircase
12. hours
13. heir

Down

1. ever
2. to recover
3. oasis
4. criminal
5. swimming
7. cost
9. shores
11. bee

No. 44

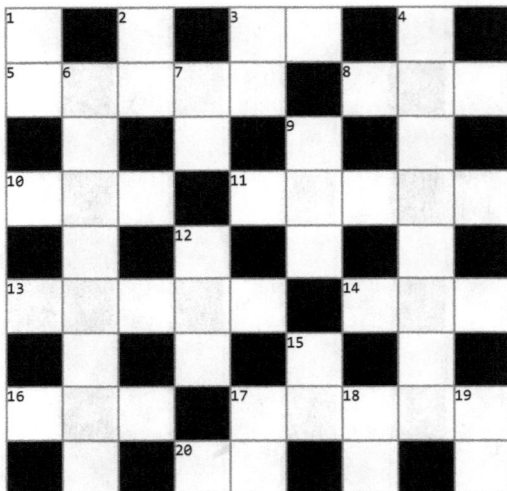

Across
3. *(I)* have
5. island
8. blue
10. crane
11. grave
13. trains
14. aunt
16. use
17. *(you will)* say
20. *(he)* knows

Down
1. me; myself
2. I
3. *(he)* has
4. plastic
6. surprise; treat
7. there
9. we; us
12. one
15. ourselves
17. from
18. king
19. the

No. 45

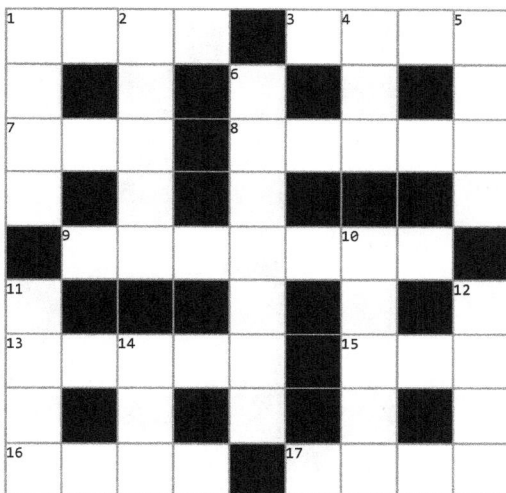

Across

1. dinner
3. frog
7. mole
8. to act
9. (I) saw (2,5)
13. countries
15. my
16. acts
17. wool

Down

1. dogs
2. new; fresh
4. (you/tu) love
5. area
6. shirt
10. tomb
11. spy
12. tail
14. east

No. 46

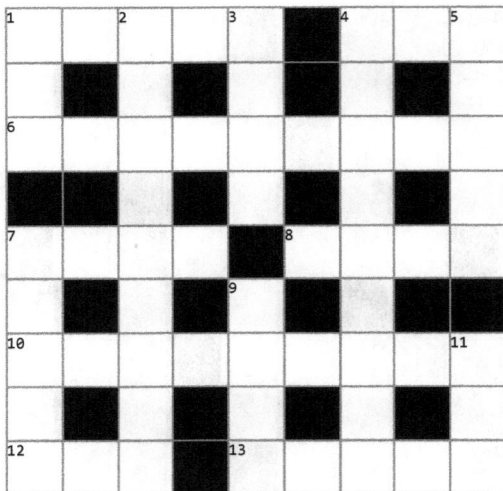

Across

1. strong; loud
4. wing
6. fools
7. hand
8. hip
10. weeks
12. gold
13. *(he will)* love

Down

1. *(you/tu)* do
2. tap
3. bait
4. to reach
5. soul
7. mixed
9. goddess
11. age

No. 47

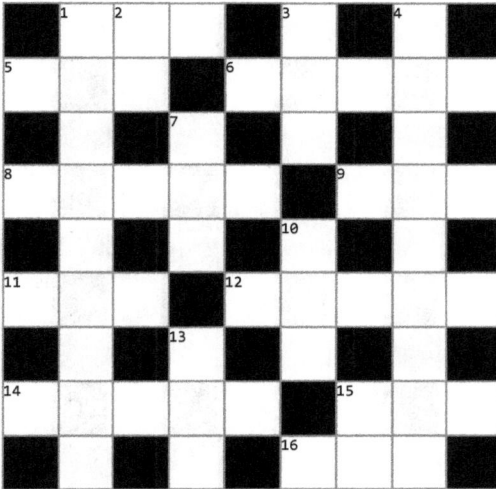

Across

1. south
5. not
6. *(you will)* have
8. role
9. zoo
11. more
12. mutual
14. honor
15. skiing
16. your; yours

Down

1. solutions
2. an
3. grape
4. chef
7. him
10. two
13. between; among
15. up

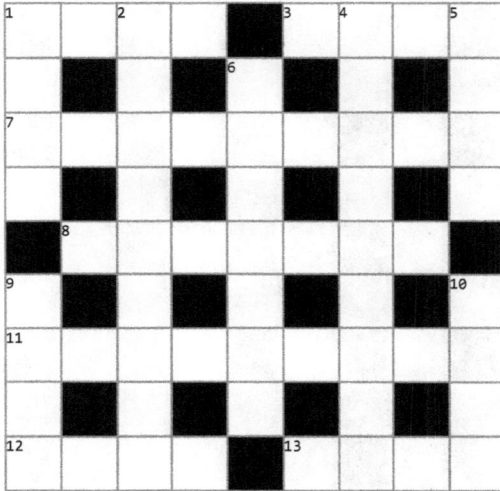

Across
1. where
3. afterwards
7. tries
8. risk
11. to trouble
12. thought; idea
13. yesterday

Down
1. *(you/voi)* say
2. to avenge
4. original
5. oil
6. stain
9. kidneys
10. seeds

No. 49

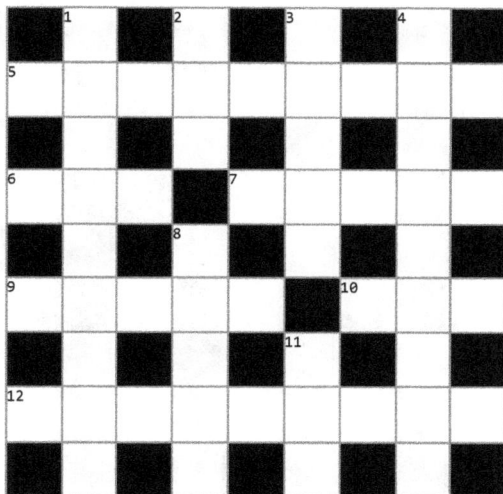

Across
5. to invent
6. already
7. help; aid
9. afraid
10. goose
12. to whistle

Down
1. dislike
2. six
3. lobby
4. to practice
8. cross
11. uncle

No. 50

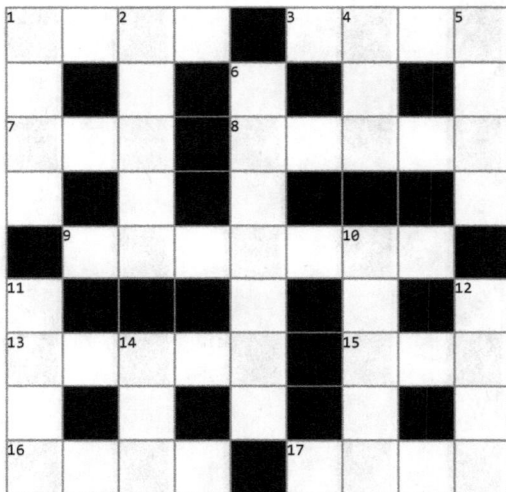

Across

1. such
3. weight
7. *(I)* love
8. outside
9. *(we)* see
13. whose (2,3)
15. three
16. air
17. voices

Down

1. tram
2. lion
4. echo
5. hatred
6. office
10. meter
11. file
12. months
14. who; whom

No. 51

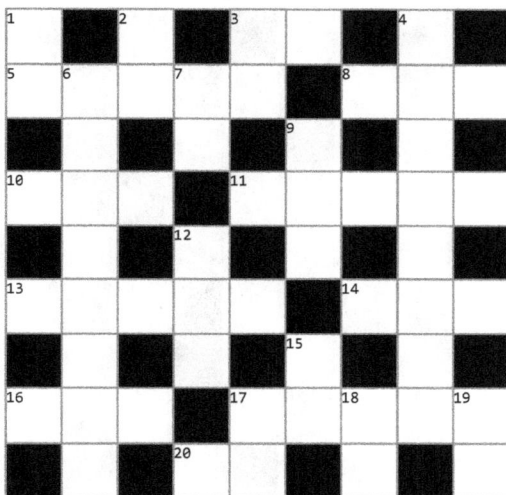

Across
3. if
5. island
8. that
10. *(you/tu)* go
11. shh
13. cycle
14. hour
16. one
17. *(you will)* say
20. *(he)* does

Down
1. me; myself
2. I
3. *(he)* knows
4. guitar
6. station
7. there
9. aunt
12. blue
15. ourselves
17. from
18. king
19. the

No. 52

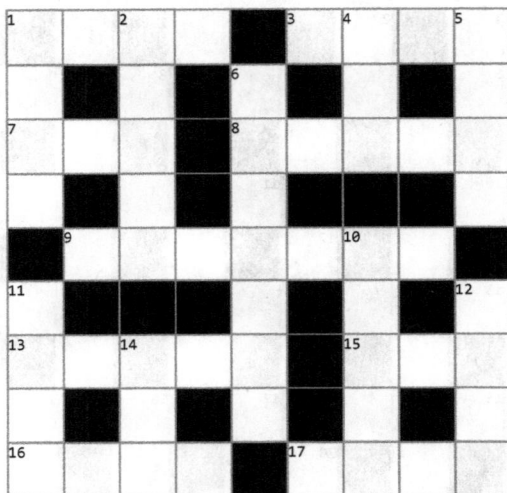

Across
1. born
3. dog
7. god
8. grateful
9. furniture
13. west
15. ever
16. high
17. mouse

Down
1. nest
2. thunder
4. *(he)* loves
5. hero
6. selfish
10. mine (2,3)
11. pink
12. bye
14. east

No. 53

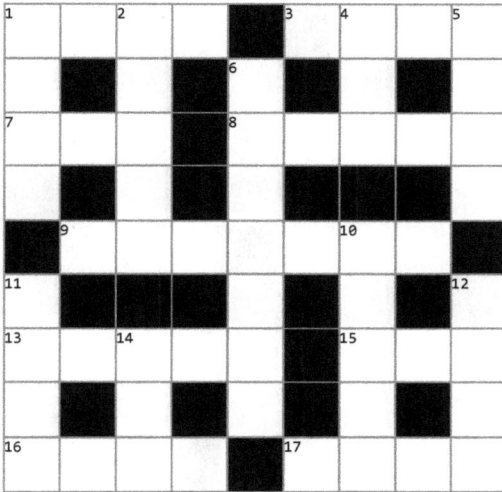

Across

1. every
3. fame
7. my
8. glow
9. to bring; to carry
13. alcohol
15. crane
16. year
17. egg

Down

1. trace
2. new; fresh
4. needle
5. area
6. caution
10. kingdom
11. dagger
12. wall
14. with

No. 54

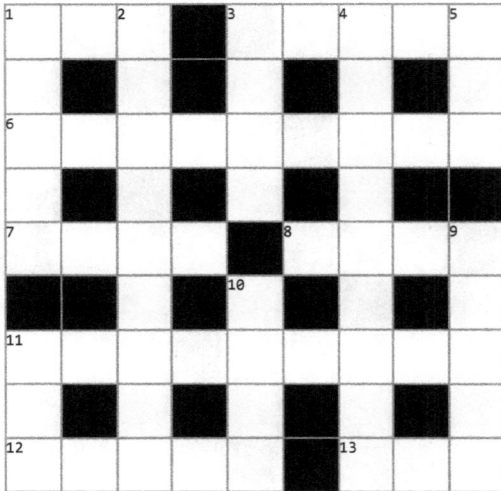

Across
1. south
3. bathtub
6. airline
7. acts
8. life; waist
11. *(you were)* finding
12. eager
13. gold

Down
1. stairs; ladder
2. directors
3. flights
4. *(we were)* feeling
5. wing
9. *(I was)* having
10. vase
11. between; among

No. 55

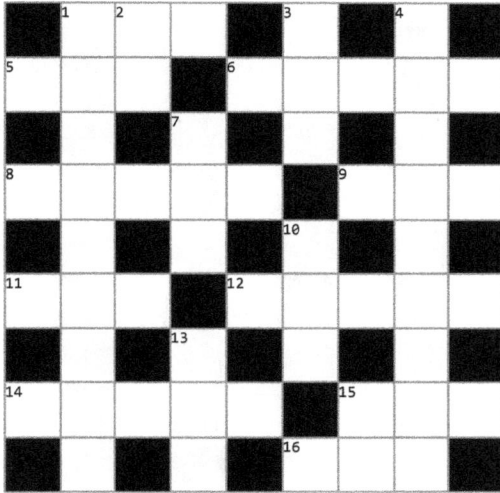

Across

1. your; yours
5. not
6. saddle
8. to remain
9. age
11. bee
12. nuns
14. too; also
15. skiing
16. his

Down

1. toaster
2. an
3. mole
4. electric
7. anger
10. two
13. hey
15. up

No. 56

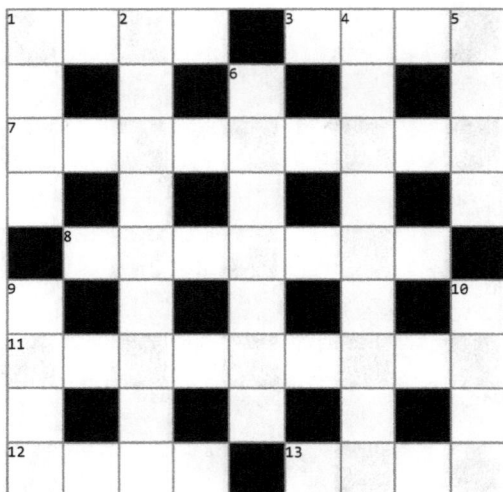

Across

1. however
3. guy; type
7. citizens
8. (I) saw (2,5)
11. wrong
12. thought; idea
13. faith

Down

1. few
2. to recover
4. to inject
5. oil
6. bean
9. they
10. name

No. 57

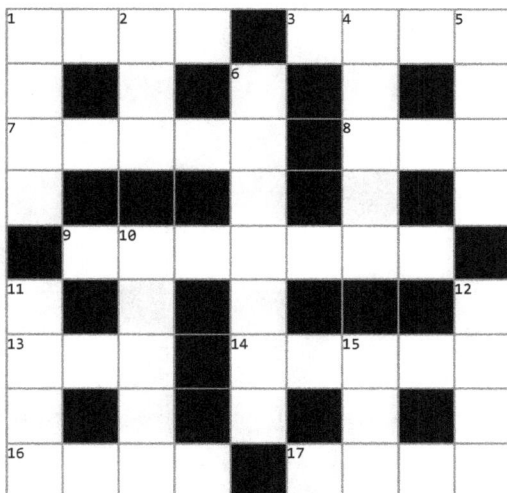

Across
1. cliff
3. food
7. shouts
8. who; whom
9. stain
13. *(you/tu)* love
14. taxes
16. spies
17. *(I)* say

Down
1. ruler
2. after
4. whose (2,3)
5. hatred
6. rotten
10. friends
11. chaos
12. weight
15. six

No. 58

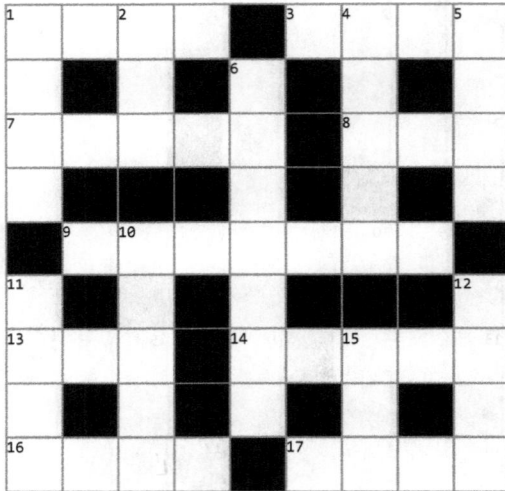

Across
1. finger
3. art
7. blind
8. gas
9. monkey
13. she
14. laws
16. air
17. rice

Down
1. (you/tu) say
2. three
4. spiders
5. it
6. normal
10. crisis
11. dawn
12. wine
15. him

No. 59

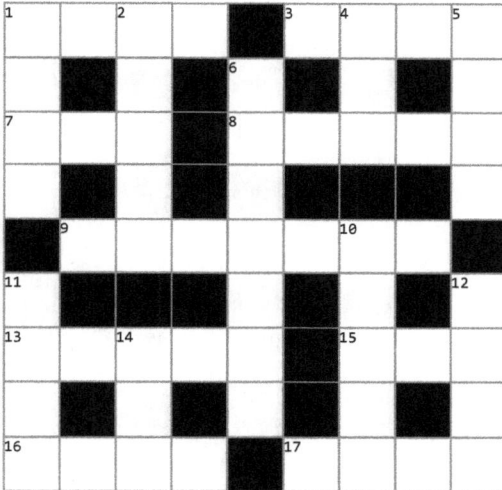

Across

1. hole
3. *(he)* sees
7. that
8. cook
9. decades
13. west
15. goose
16. high
17. voices

Down

1. bike
2. *(he)* believes
4. echo
5. hero
6. but
10. swimming
11. pink
12. oasis
14. east

No. 60

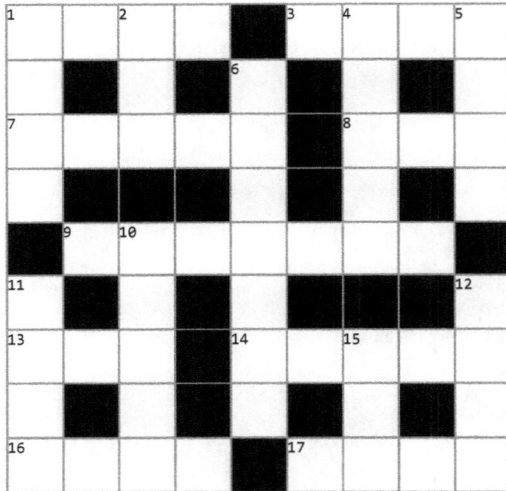

Across
1. trace
3. edge
7. joys
8. with
9. horn
13. (I) love
14. cup
16. area
17. copper

Down
1. today
2. my
4. rich
5. every
6. sins
10. lion
11. fairy
12. (you/voi) do
15. aunt

No. 61

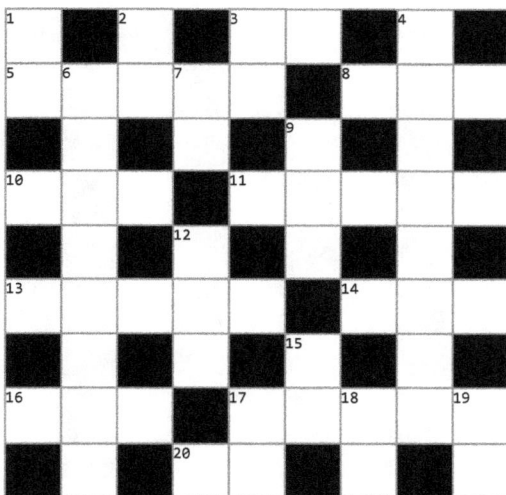

Across

3. if
5. island
8. bar
10. (you/tu) go
11. skies
13. landslide
14. between; among
16. gold
17. (you will) say
20. (he) does

Down

1. me; myself
2. (I) go
3. (he) knows
4. tunnel
6. to frighten
7. there
9. more
12. one
15. ourselves
17. from
18. king
19. the

No. 62

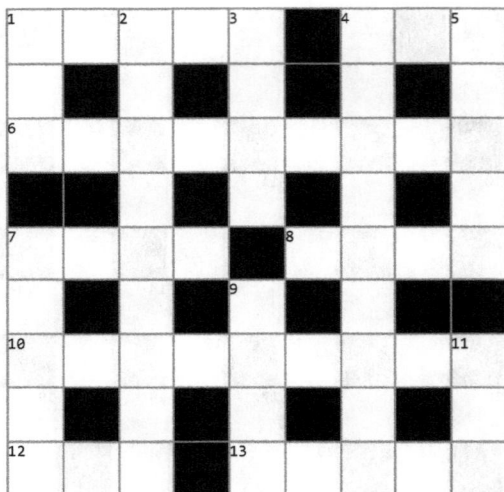

Across

1. beds
4. your; yours
6. interests
7. bye
8. fame
10. to reason
12. needle
13. ten

Down

1. he
2. tattoo
3. yesterday
4. toaster
5. olive
7. bend
9. north
11. hey

No. 63

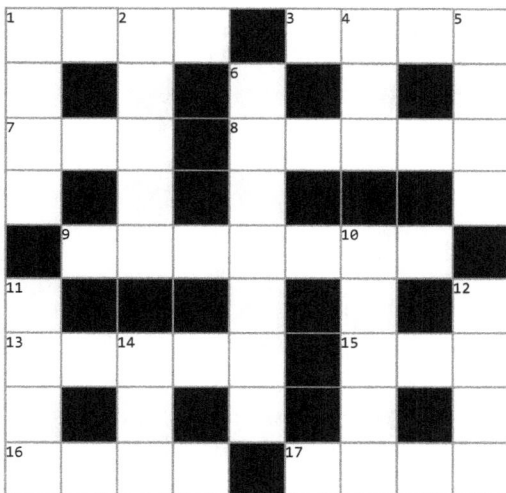

Across

1. net
3. smoke
7. not
8. sport
9. government
13. humans
15. hours
16. thought; idea
17. stuff

Down

1. kidney
2. dyed
4. use
5. eight
6. inn
10. new; fresh
11. lights
12. pepper
14. bee

No. 64

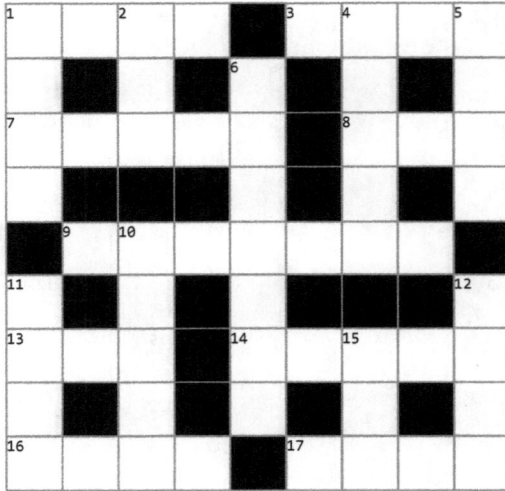

Across
1. healthy
3. fig
7. thunder
8. who; whom
9. January
13. grape
14. toad
16. oil
17. where

Down
1. silk
2. mole
4. whose (2,3)
5. hatred
6. to return
10. examinations
11. wall
12. pardon
15. his

No. 65

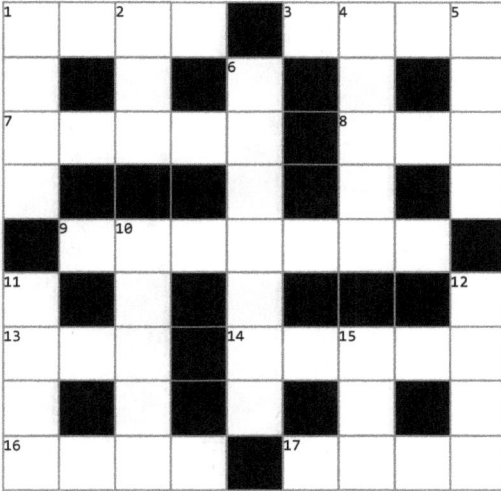

Across

1. pope
3. pole; rod
7. shout
8. south
9. never
13. skiing
14. broken
16. air
17. dinner

Down

1. pay
2. after
4. anxiety
5. wave
6. to sleep
10. beginnings
11. bait
12. seal
15. three

No. 66

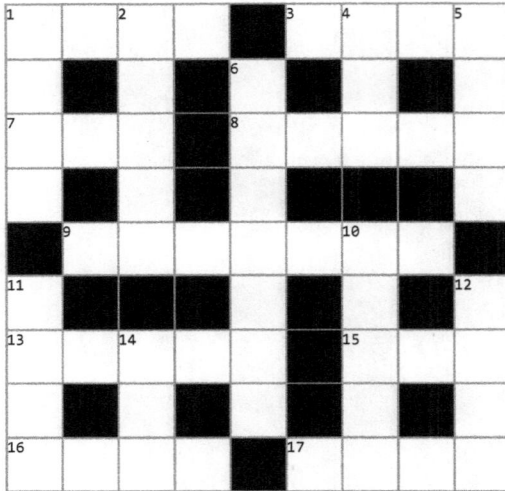

Across
1. finger
3. faith
7. god
8. role
9. Thursday
13. west
15. we; us
16. high
17. ship

Down
1. nut; die
2. (I) find
4. echo
5. heroes
6. (you/voi) find
10. woman
11. tail
12. shores
14. east

No. 67

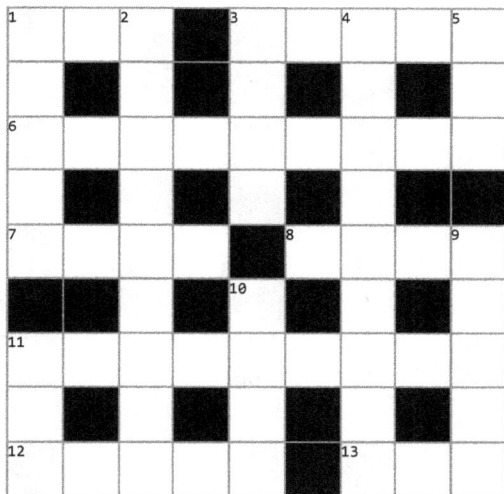

Across

1. my
3. poem
6. *(you/tu)* went (3,6)
7. acts
8. goddess
11. eastern
12. eager
13. age

Down

1. fly
2. aims
3. bread
4. to trouble
5. *(I)* love
9. *(he will)* love
10. year
11. goose

No. 68

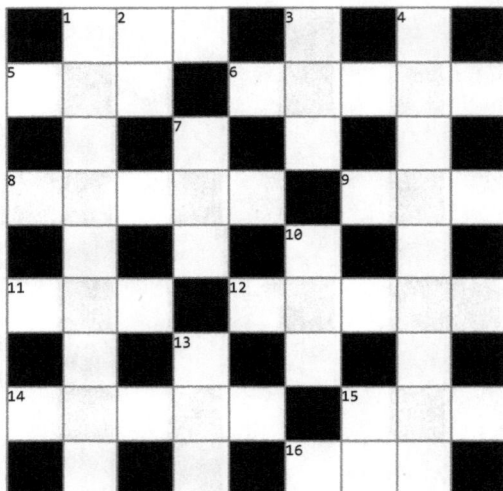

Across
1. two
5. with
6. book
8. *(he will)* know
9. *(you/tu)* love
11. already
12. *(I was)* loving
14. to unite
15. anger
16. wing

Down
1. donation
2. an
3. more
4. spring
7. crane
10. *(he)* loves
13. gold
15. the

No. 69

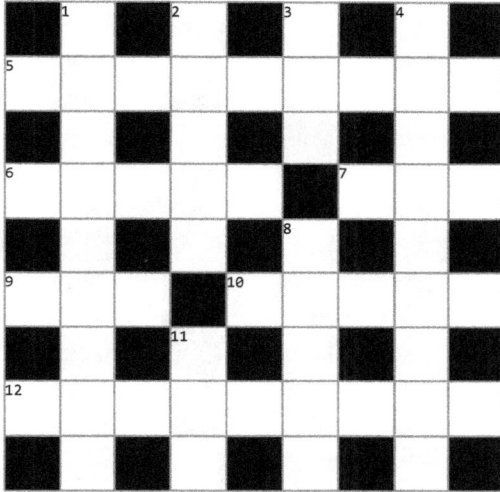

Across

5. risky
6. empty
7. six
9. aunt
10. hold; catch
12. to listen

Down

1. confident
2. vinegar
3. downstairs
4. elevator
8. priest
11. zoo

No. 70

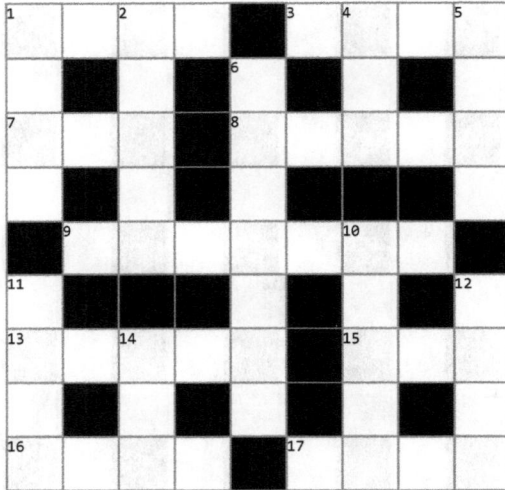

Across
1. nude
3. wax
7. that
8. thorns
9. pale
13. sport
15. he
16. thought; idea
17. thread

Down
1. nut
2. diet
4. hey
5. area
6. isolated
10. sweets
11. they
12. rice
14. hours

No. 71

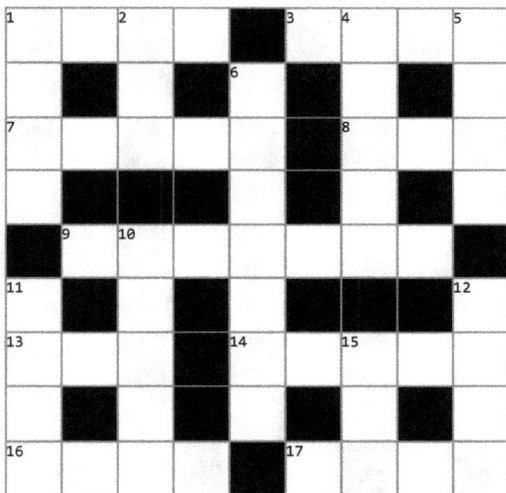

Across
1. flight
3. it
7. weather
8. not
9. example
13. between; among
14. night
16. oil
17. boredom

Down
1. voices
2. she
4. senses
5. every
6. salmon
10. states
11. eight
12. topic
15. your; yours

No. 72

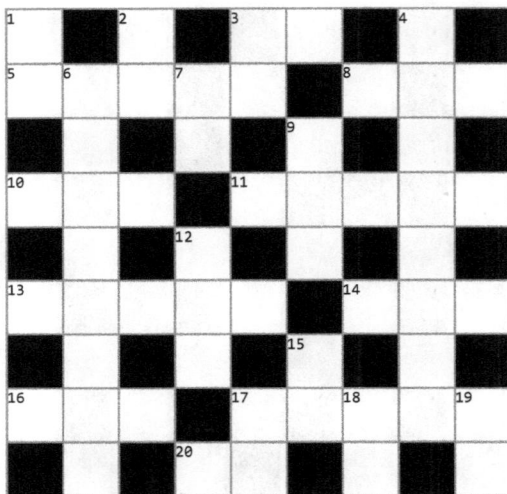

Across
3. *(I)* have
5. island
8. three
10. his
11. ten
13. swan
14. after
16. use
17. *(you will)* say
20. *(he)* does

Down
1. me; myself
2. *(I)* go
3. *(he)* has
4. crumb
6. scholar
7. there
9. uncle
12. one
15. ourselves
17. from
18. king
19. I

No. 73

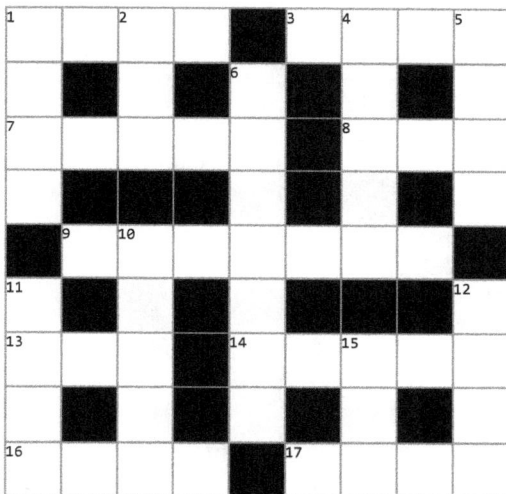

Across

1. nine
3. bear
7. to remain
8. skiing
9. horn
13. needle
14. rich
16. hero
17. fig

Down

1. nose
2. way; away
4. red
5. hatred
6. to fish
10. place
11. hunger
12. vote
15. who; whom

No. 74

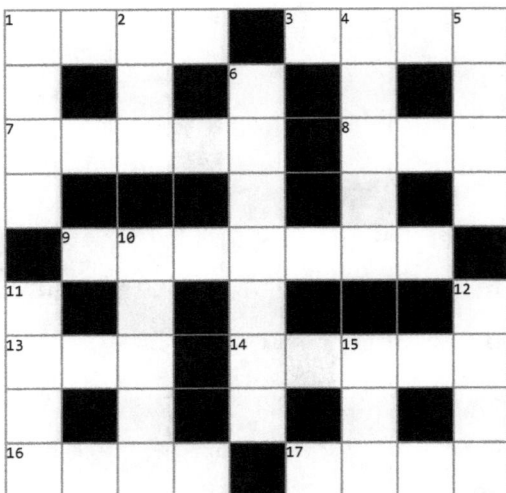

Across
1. lake
3. home; house
7. first; prime
8. east
9. never
13. we; us
14. long
16. air
17. stuff

Down
1. wolf
2. him
4. oats
5. high
6. normal
10. beginnings
11. wave
12. where
15. mole

No. 75

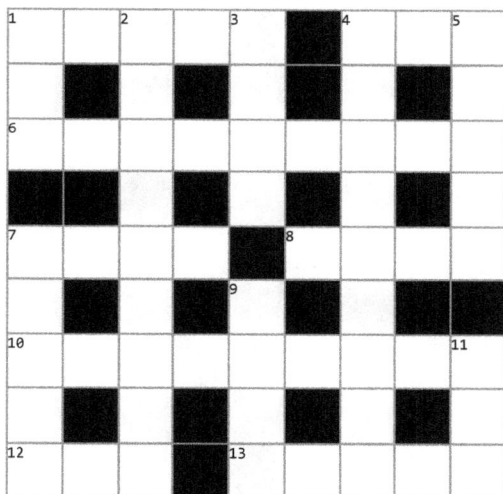

Across

1. *(I)* put
4. anger
6. intestine
7. tram
8. act
10. to reason
12. echo
13. *(he will)* love

Down

1. ever
2. tattoo
3. bone
4. to inject
5. atom
7. tower
9. pink
11. age

No. 76

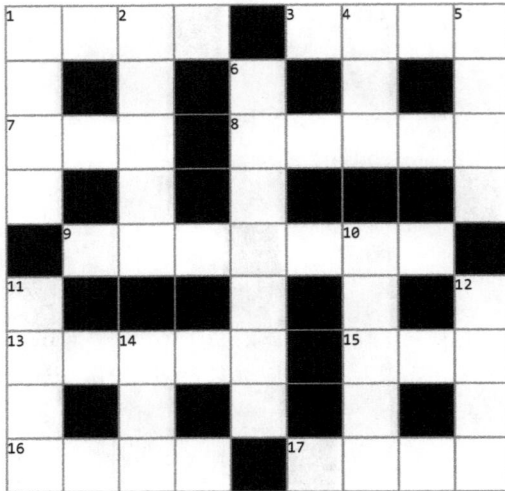

Across
1. trace
3. shovel
7. south
8. west
9. hair
13. alcohol
15. god
16. healthy
17. thing

Down
1. oasis
2. average
4. bee
5. art
6. sister
10. thief
11. chaos
12. fashion
14. with

No. 77

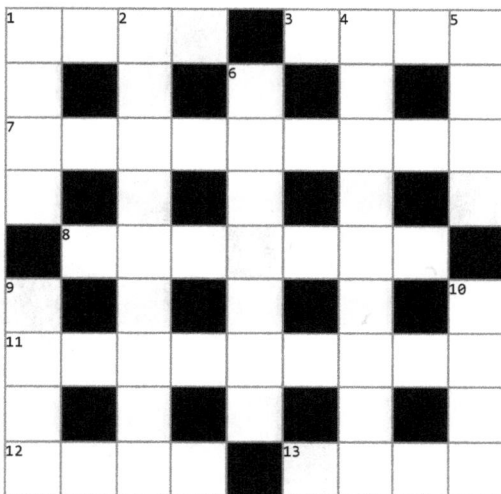

Across
1. nude
3. pay
7. to guard
8. bus
11. electric
12. thought; idea
13. snow

Down
1. nut
2. to argue
4. habit
5. area
6. will
9. yesterday
10. name

No. 78

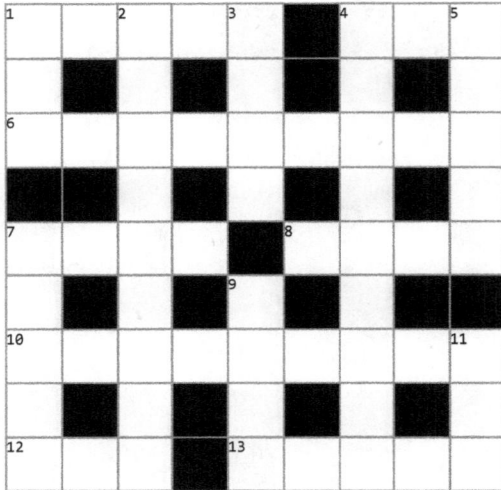

Across
1. mother
4. between; among
6. opportunity
7. seeds
8. *(he)* sees
10. to contain
12. gold
13. loves

Down
1. my
2. document
3. it
4. *(we will)* find
5. *(you/voi)* have
7. bag
9. topic
11. hey

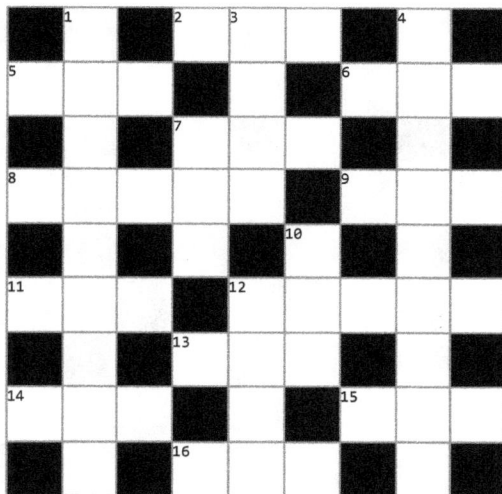

Across

2. crane
5. your; yours
6. hours
7. use
8. deer
9. she
11. more
12. head
13. (you/tu) go
14. three
15. blue
16. (you/tu) do

Down

1. upper
3. rice
4. eastern
7. grape
10. six
12. lair

No. 80

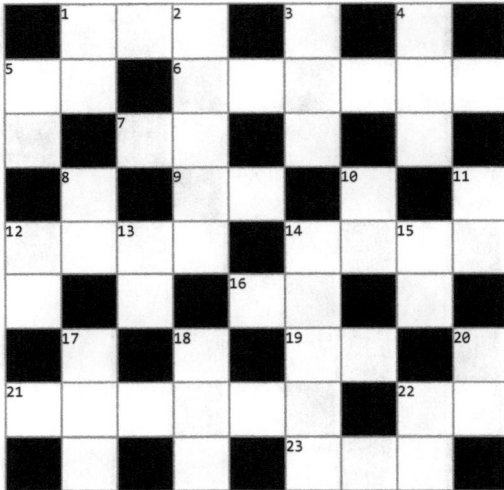

Across

1. one
5. in
6. shoulder
7. from
9. king
12. salt
14. less
16. me; myself
19. *(he)* knows
21. yoghurt
22. *(I)* have
23. goose

Down

1. an
2. to dare
3. bar
4. wing
5. the
8. *(he)* does
10. if
11. *(I)* go
12. up
13. there
14. mixed
15. nor
17. after
18. two
20. I
22. *(he)* has

No. 81

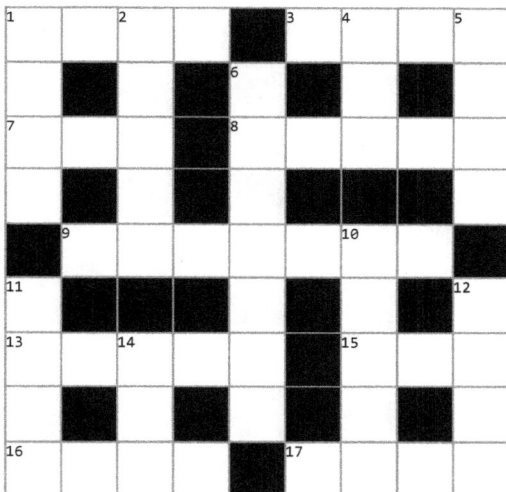

Across

1. stuff
3. headlight
7. way; away
8. crisis
9. lung
13. laws
15. mole
16. bear
17. tails

Down

1. cable
2. state
4. *(you/tu)* love
5. oil
6. monkey
10. grandfather
11. high
12. where
14. gas

No. 82

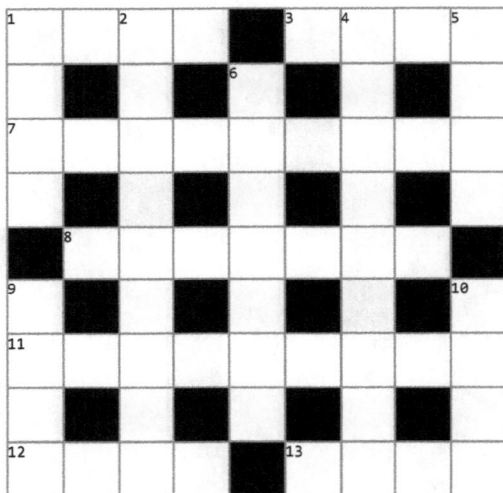

Across
1. act
3. dog
7. *(we were)* feeling
8. maniac
11. triangle
12. hatred
13. kidney

Down
1. axis
2. tries
4. orange
5. hero
6. millions
9. eight
10. voice

No. 83

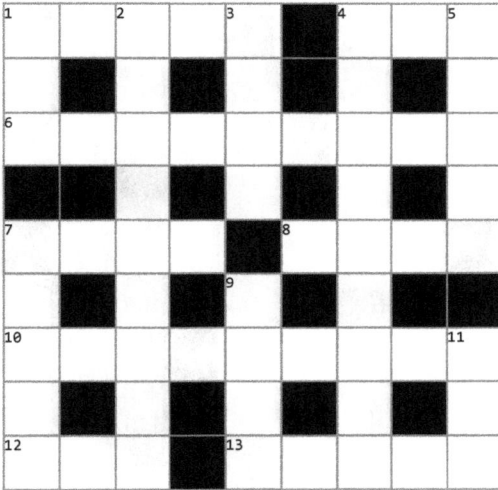

Across

1. March
4. him
6. intestine
7. chaos
8. dawn
10. to practice
12. bee
13. west

Down

1. ever
2. to recover
3. oasis
4. to grill
5. island
7. goat
9. guy; type
11. east

No. 84

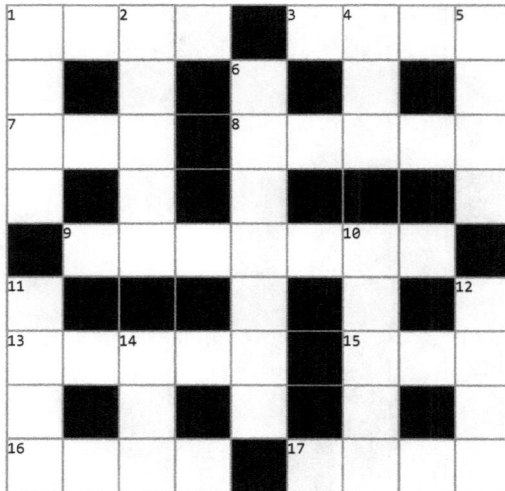

Across

1. fame
3. evening
7. that
8. smell
9. clothes
13. alcohol
15. south
16. years
17. saw

Down

1. seal
2. honey
4. echo
5. area
6. pier
10. taxes
11. frog
12. thought; idea
14. with

No. 85

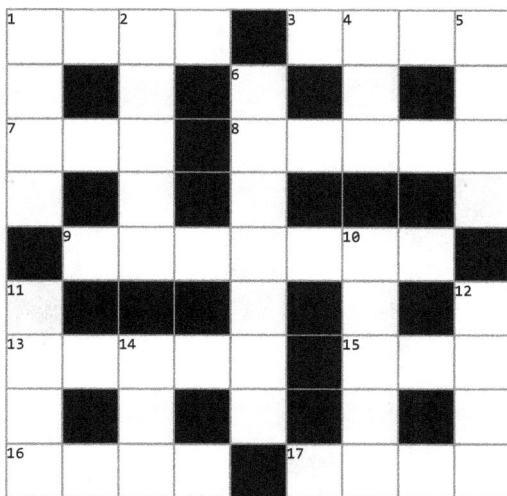

Across

1. flight
3. life; waist
7. between; among
8. examinations
9. to lick
13. men
15. *(he)* loves
16. every
17. dinner

Down

1. screw
2. loyal
4. anger
5. air
6. bucket
10. real
11. sour
12. pay
14. not

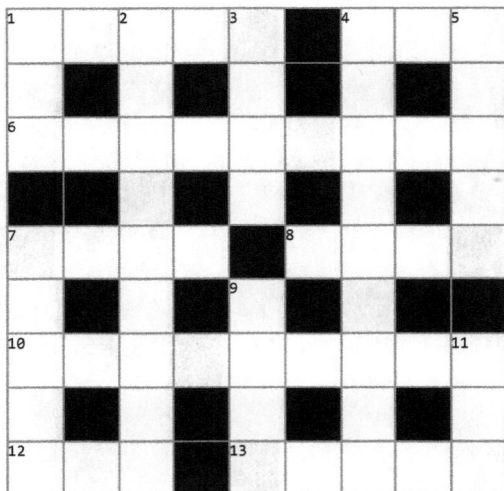

Across

1. seven
4. hour
6. earring
7. born
8. fig
10. toaster
12. hey
13. *(he will)* love

Down

1. his
2. thirty-six
3. bait
4. original
5. atom
7. night
9. coffin
11. age

No. 87

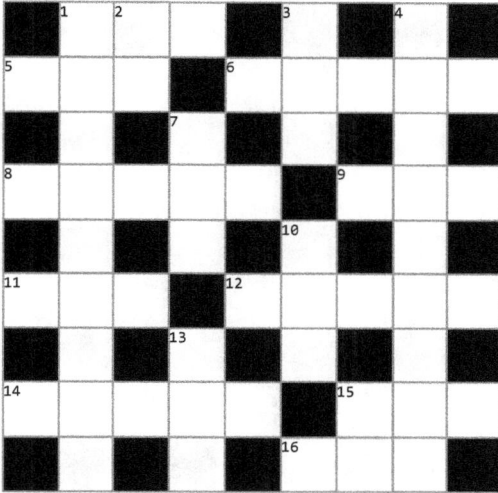

Across

1. aunt
5. zoo
6. sheets
8. spouse
9. he
11. skiing
12. chairs
14. train
15. my
16. uncle

Down

1. to limp
2. I
3. we; us
4. aluminium
7. use
10. six
13. one
15. me; myself

No. 88

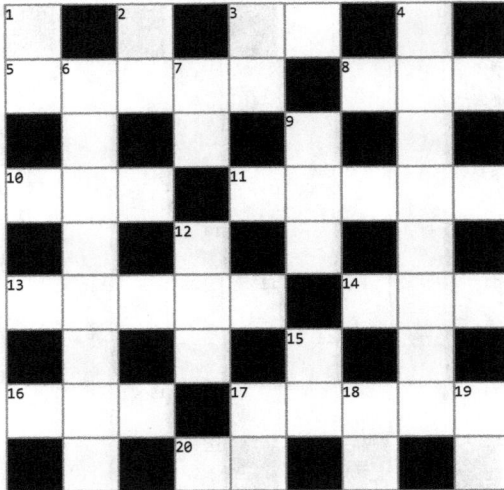

Across

3. up
5. grandmother
8. three
10. she
11. foot; paw
13. stairs; ladder
14. after
16. downstairs
17. *(you will)* say
20. *(he)* does

Down

1. an
2. in
3. *(he)* knows
4. trap
6. ear
7. nor
9. bar
12. wing
15. ourselves
17. from
18. king
19. the

No. 89

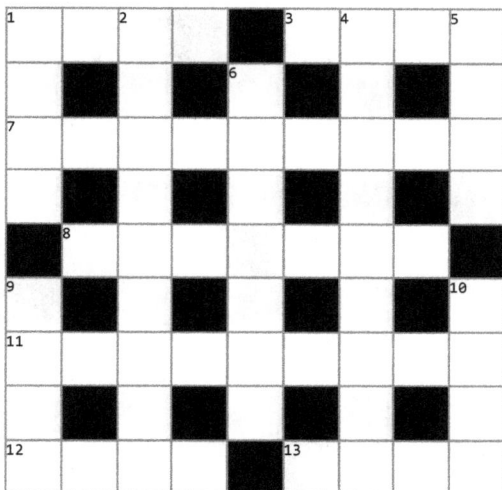

Across

1. gravy
3. bye
7. tries
8. written
11. to kid
12. heroes
13. thirst

Down

1. silk
2. knee
4. to inject
5. oil
6. to kiss
9. axis
10. well

No. 90

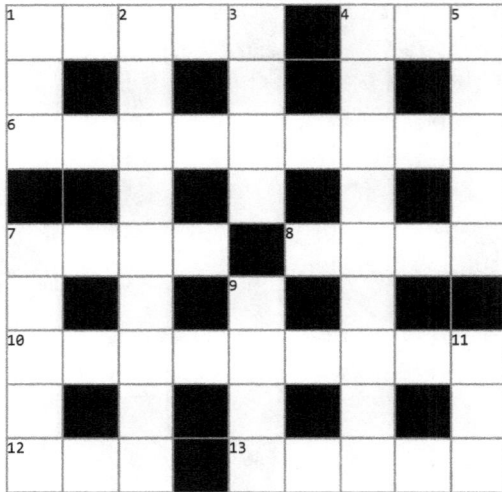

Across

1. string
4. gas
6. to fill
7. hand
8. dawn
10. to detest
12. (I) love
13. west

Down

1. who; whom
2. tap
3. acts
4. to grill
5. sphere
7. average
9. it
11. east

No. 91

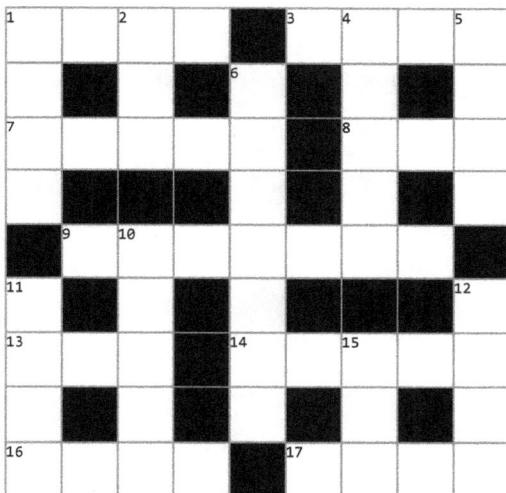

Across

1. art
3. bear
7. crosses
8. south
9. horn
13. needle
14. stove
16. area
17. fate

Down

1. bow
2. your; yours
4. red
5. wave
6. descent
10. lion
11. fame
12. healthy
15. grape

No. 92

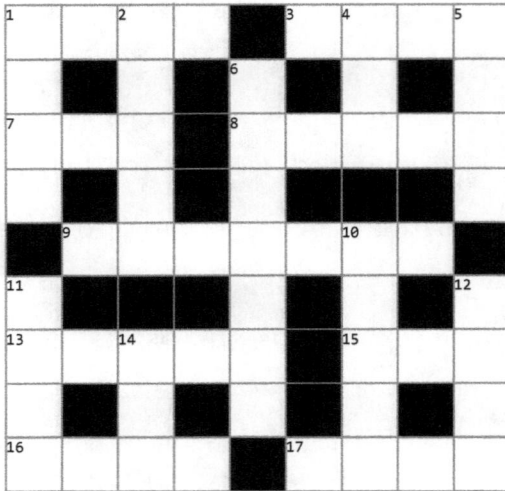

Across

1. dog
3. branch
7. god
8. friends
9. models
13. alcohol
15. *(he)* loves
16. years
17. vein

Down

1. tail
2. new; fresh
4. *(you/tu)* love
5. hatred
6. hair
10. loyal
11. lair
12. frog
14. with

No. 93

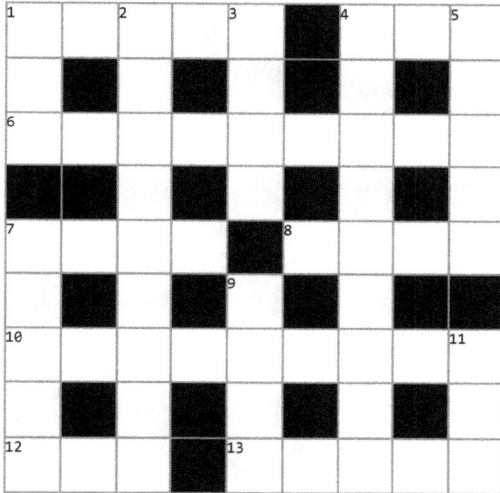

Across
1. serious
4. him
6. ordinary
7. tram
8. hip
10. purposes
12. hours
13. *(he was)* having

Down
1. his
2. radiator
3. every
4. to ensure
5. island
7. plug
9. seal
11. anger

No. 94

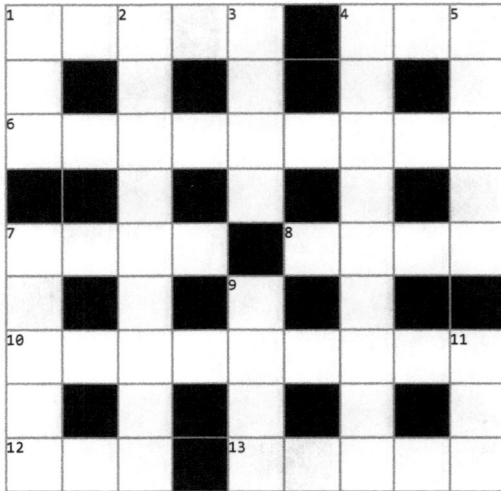

Across
1. wide
4. goose
6. to chase
7. coffin
8. top
10. to calculate
12. gold
13. vinegar

Down
1. he
2. rake
3. today
4. original
5. oats
7. kiss
9. boredom
11. echo

No. 95

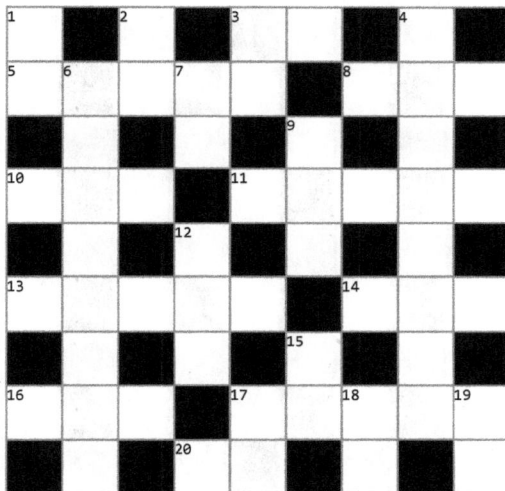

Across

3. yes
5. grandmother
8. *(you/tu)* go
10. bee
11. touch
13. smells
14. mole
16. wing
17. *(you will)* say
20. *(he)* does

Down

1. in
2. an
3. *(he)* knows
4. keyboard
6. hospitals
7. nor
9. *(you/tu)* do
12. between; among
15. me; myself
17. from
18. king
19. the

No. 96

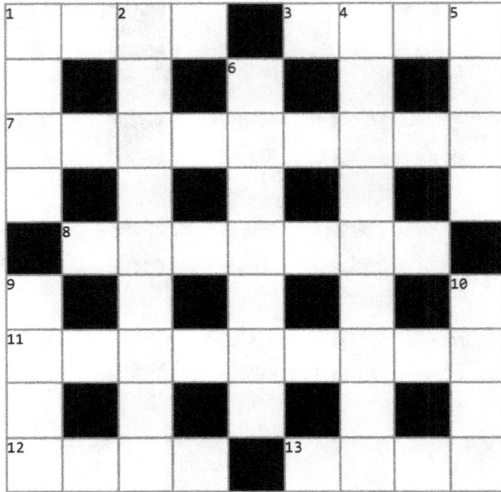

Across
1. cube
3. mouse
7. habits
8. height
11. ignorant
12. thought; idea
13. goddess

Down
1. bye
2. bright
4. horizons
5. oil
6. funeral
9. bike
10. topic

No. 97

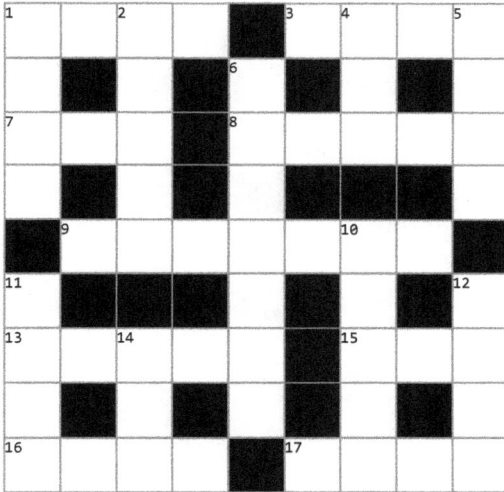

Across

1. gravy
3. wool
7. we; us
8. hearts
9. nation
13. west
15. three
16. acts
17. weight

Down

1. breast
2. shouts
4. (I) love
5. air
6. written
10. night
11. fashion
12. black
14. east

No. 98

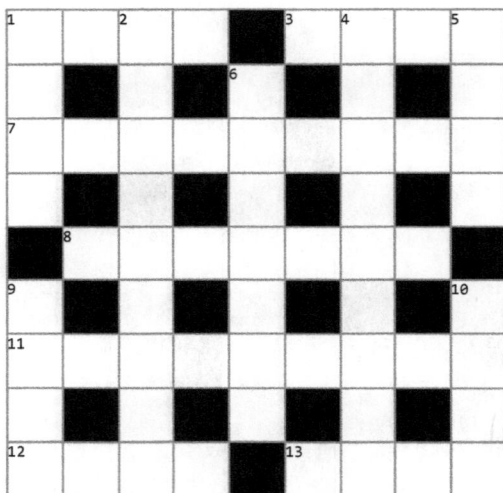

Across

1. nut; die
3. row; queue
7. possible
8. ungrateful
11. to breathe
12. hero
13. thirst

Down

1. afterwards
2. dishonest
4. to inject
5. area
6. florist
9. art
10. seed

No. 99

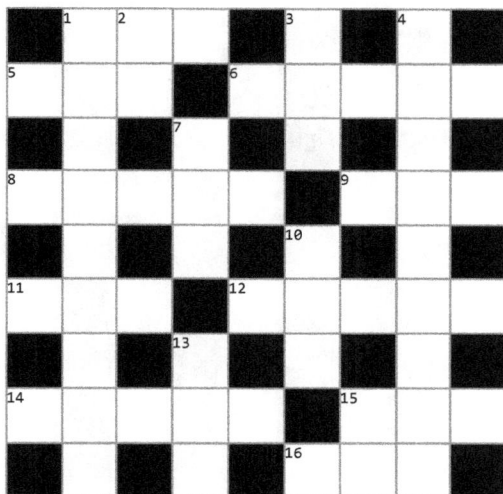

Across

1. my
5. zoo
6. disk
8. even; plan
9. more
11. after
12. tide
14. farewell
15. *(you/tu)* have
16. ever

Down

1. dying
2. I
3. uncle
4. *(you will)* write
7. one
10. bar
13. aunt
15. *(he)* has

No. 100

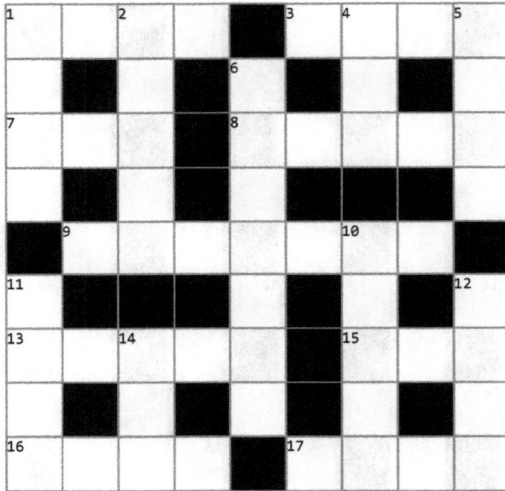

Across
1. oasis
3. pure
7. god
8. sport
9. stick
13. men
15. skiing
16. every
17. net

Down
1. wave
2. broom
4. use
5. eight
6. inn
10. cough
11. sour
12. shores
14. not

No. 101

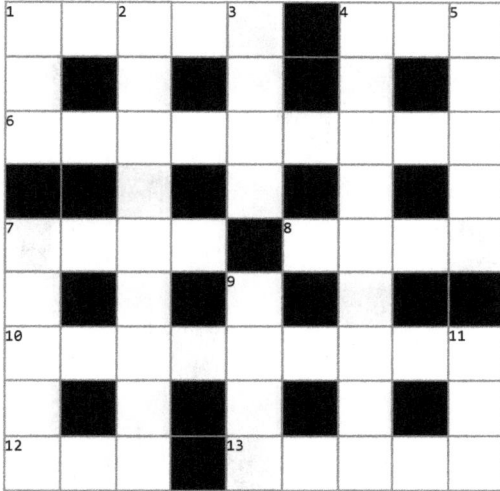

Across

1. seven
4. hour
6. earring
7. myth
8. screw
10. to recover
12. gold
13. vinegar

Down

1. his
2. thirty-eight
3. bait
4. original
5. love
7. dead
9. tail
11. echo

No. 102

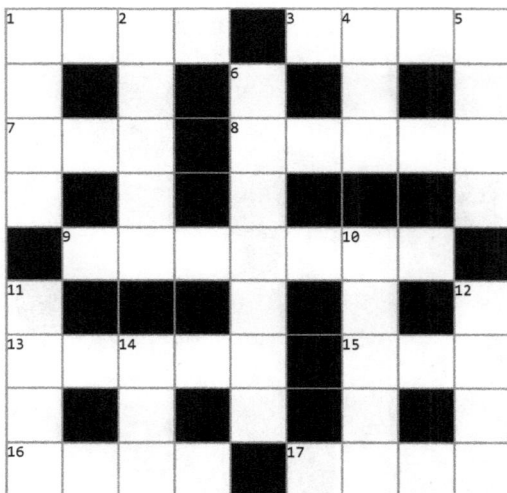

Across
1. leader; chief
3. bone
7. south
8. friends
9. dress; suit
13. alcohol
15. mole
16. year
17. shovel

Down
1. home; house
2. father
4. six
5. hatred
6. caution
10. curtain; tent
11. pay
12. seal
14. with

No. 103

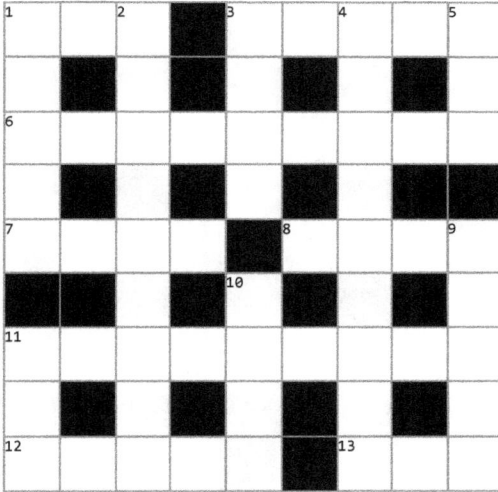

Across
1. wing
3. above
6. wrong
7. bow
8. sail
11. player
12. sphere
13. age

Down
1. anxiety
2. orange
3. sun
4. pleasant
5. needle
9. *(he will)* love
10. coffin
11. gas

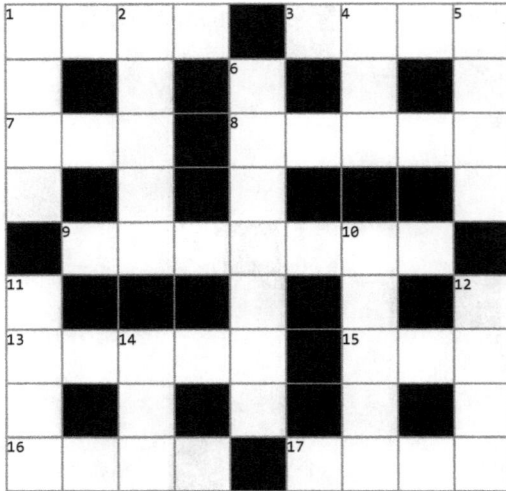

Across

1. bike
3. dogs
7. we; us
8. to have
9. delays
13. countries
15. between; among
16. high
17. stuff

Down

1. well
2. crisis
4. bee
5. thought; idea
6. wage
10. said
11. spy
12. ship
14. east

No. 105

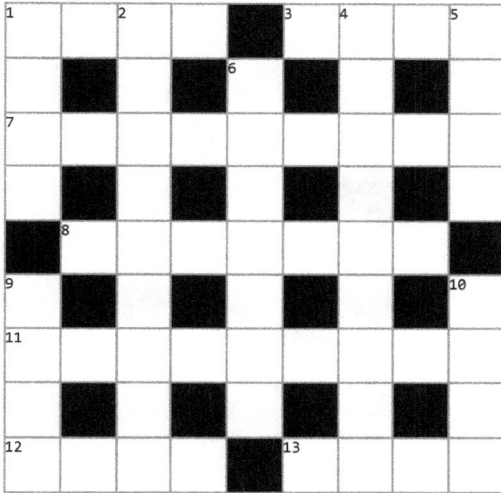

Across

1. lever
3. fairy
7. controls
8. *(they)* feel
11. shocked
12. hero
13. breast

Down

1. lights
2. twentieth
4. to loosen
5. air
6. practice
9. axis
10. mouse

No. 106

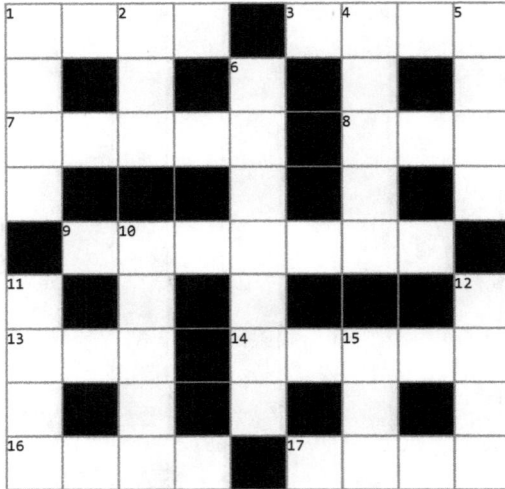

Across
1. weapon
3. nose
7. ground
8. she
9. horn
13. *(I)* love
14. spider
16. area
17. nest

Down
1. ace
2. my
4. garlic
5. oil
6. to touch
10. lion
11. fame
12. knot
15. him

No. 107

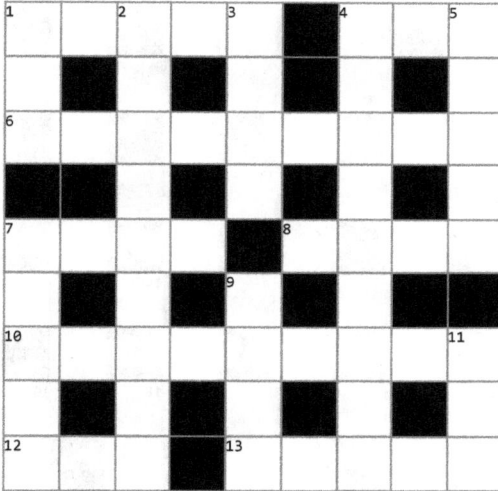

Across

1. goat
4. blue
6. ignorance
7. bye
8. weight
10. procedure
12. *(you/tu)* love
13. island

Down

1. who; whom
2. pants
3. sour
4. welcome
5. human
7. copy
9. networks
11. *(he)* loves

No. 108

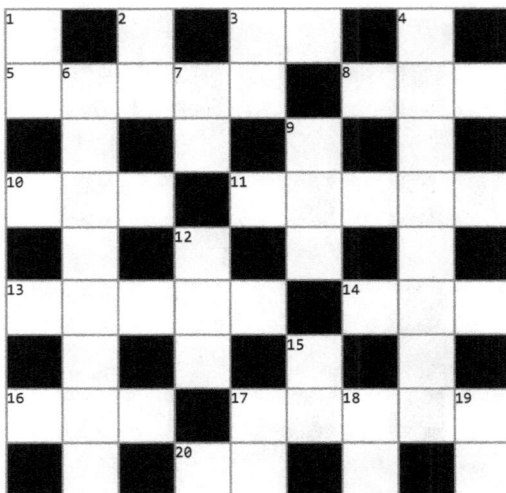

Across
3. up
5. olive
8. *(you/tu)* go
10. echo
11. all; everything
13. smells
14. gold
16. hours
17. *(you will)* say
20. *(he)* does

Down
1. I
2. me; myself
3. *(he)* knows
4. farm
6. to polish
7. *(I)* go
9. here
12. anger
15. ourselves
17. from
18. king
19. the

No. 109

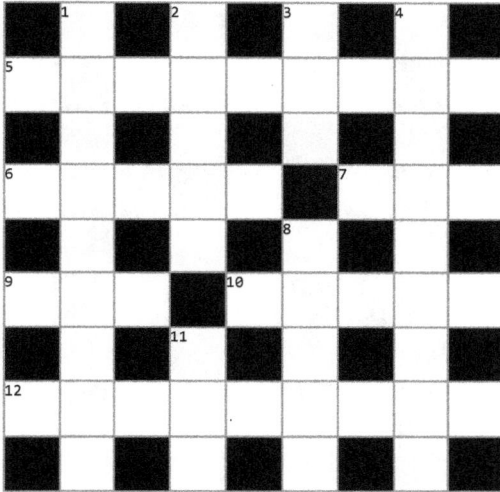

Across
5. hood
6. curtain; tent
7. south
9. ever
10. gesture
12. sleepy

Down
1. mattress
2. swords
3. goose
4. outcomes
8. firewood
11. zoo

No. 110

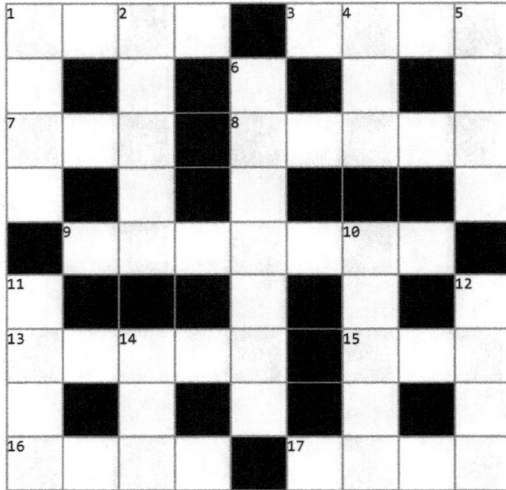

Across
1. cube
3. branch
7. his
8. sport
9. monarch
13. west
15. wing
16. hatred
17. dagger

Down
1. home; house
2. good
4. needle
5. eight
6. assault
10. club
11. bull
12. shovel
14. hey

No. 111

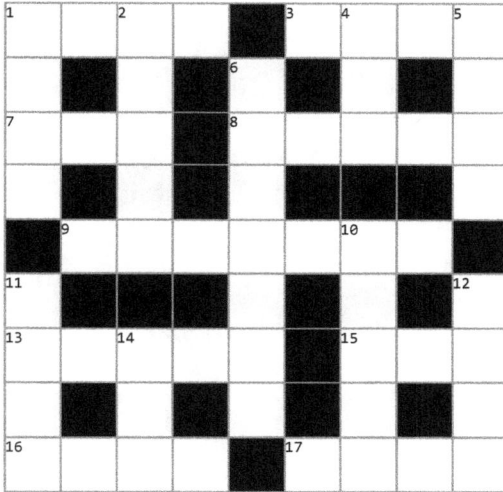

Across
1. sail
3. evils
7. not
8. to have
9. to sip
13. alcohol
15. six
16. years
17. where

Down
1. vein
2. slow
4. bee
5. thought; idea
6. doll
10. toad
11. pay
12. screw
14. with

No. 112

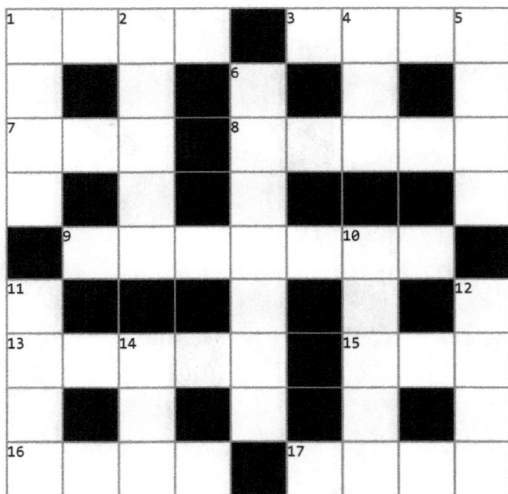

Across
1. they
3. light
7. that
8. cook
9. to kiss
13. countries
15. between; among
16. high
17. pink

Down
1. bait
2. sphere
4. use
5. hero
6. steel
10. broken
11. spy
12. coffin
14. east

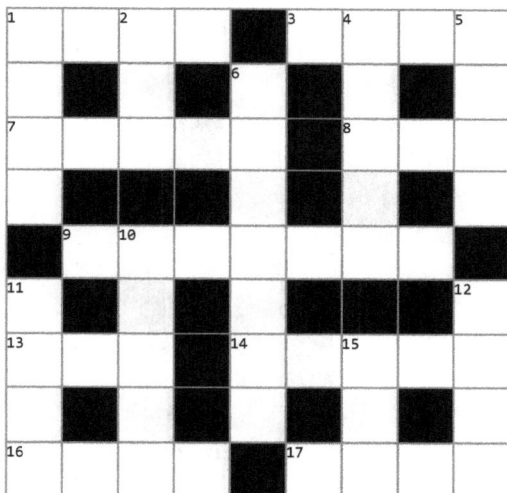

Across

1. finger
3. note
7. purple
8. bar
9. never
13. he
14. cause
16. air
17. pardon

Down

1. goddess
2. your; yours
4. shadow
5. *(I will)* have
6. drug
10. beginnings
11. dawn
12. to do; to make
15. one

No. 114

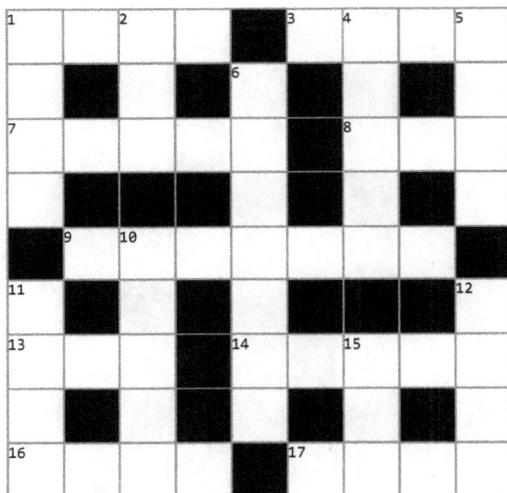

Across
1. alive
3. nest
7. stairs; ladder
8. who; whom
9. old
13. *(he)* loves
14. tuna
16. area
17. tone

Down
1. face
2. way; away
4. whose (2,3)
5. oil
6. waterfall
10. examination
11. fame
12. knot
15. mole

No. 115

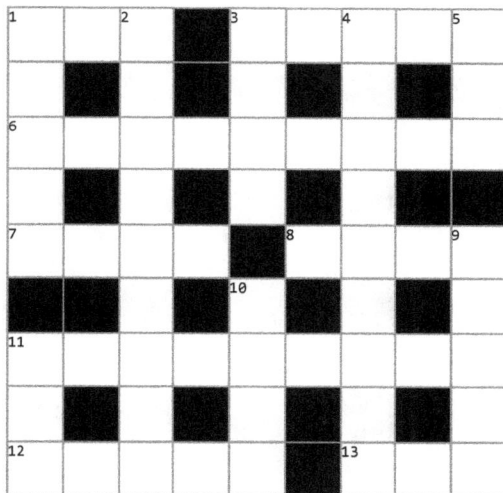

Across

1. grape
3. blind
6. to loosen
7. yesterday
8. row; queue
11. to practice
12. island
13. age

Down

1. humans
2. frightened
3. dinner
4. to trouble
5. hours
9. *(he will)* love
10. top
11. after

No. 116

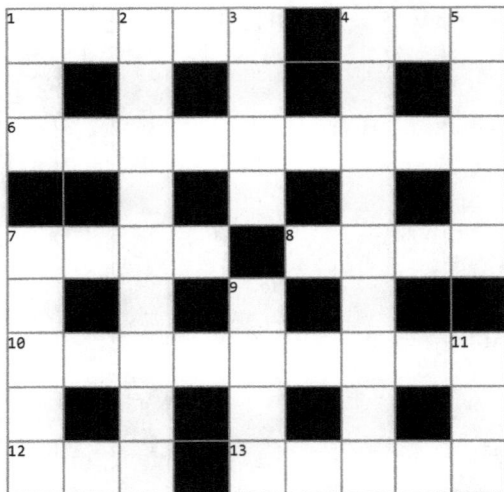

Across
1. oven
4. anger
6. to chase
7. *(I will)* say
8. act
10. to spell
12. gold
13. vinegar

Down
1. *(you/tu)* do
2. rake
3. today
4. to inject
5. *(I was)* having
7. disk
9. fairy
11. echo

No. 117

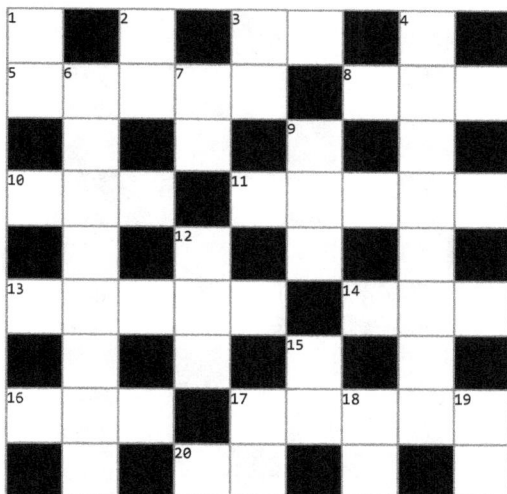

Across

3. in
5. *(they)* love
8. ever
10. wing
11. swimming
13. *(I will)* know
14. blue
16. aunt
17. *(you will)* say
20. *(he)* does

Down

1. *(he)* knows
2. ourselves
3. I
4. folder
6. evil
7. nor
9. south
12. three
15. me; myself
17. from
18. king
19. the

No. 118

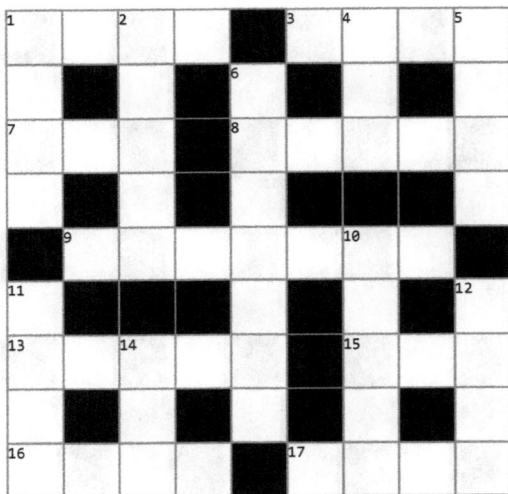

Across
1. shovel
3. hand
7. his
8. friends
9. mailman
13. alcohol
15. goose
16. years
17. stuff

Down
1. weight
2. place
4. *(you/tu)* love
5. hatred
6. caution
10. new; fresh
11. pay
12. peace
14. with

No. 119

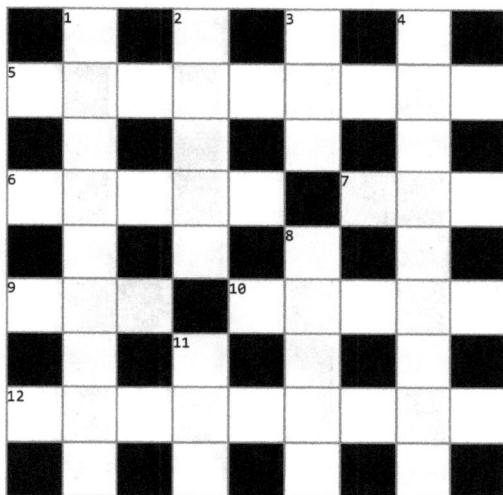

Across
5. glass
6. pearl
7. gas
9. uncle
10. leather
12. infection

Down
1. directions
2. to drain
3. my
4. creation
8. trouble
11. six

No. 120

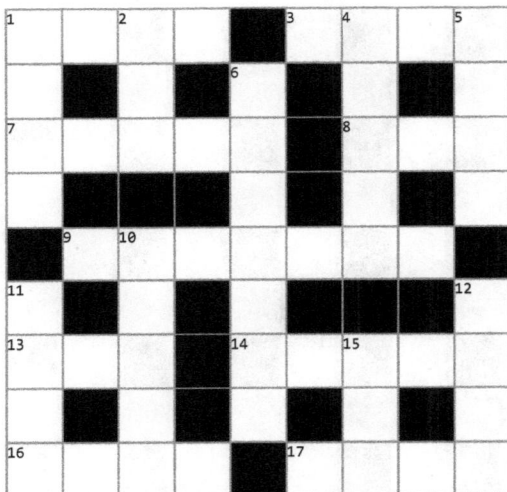

Across
1. dogs
3. trace
7. eager
8. skiing
9. horn
13. *(I)* love
14. wood
16. thought; idea
17. care

Down
1. bye
2. we; us
4. toad
5. air
6. mug
10. lion
11. taxi
12. pink
15. crane

No. 121

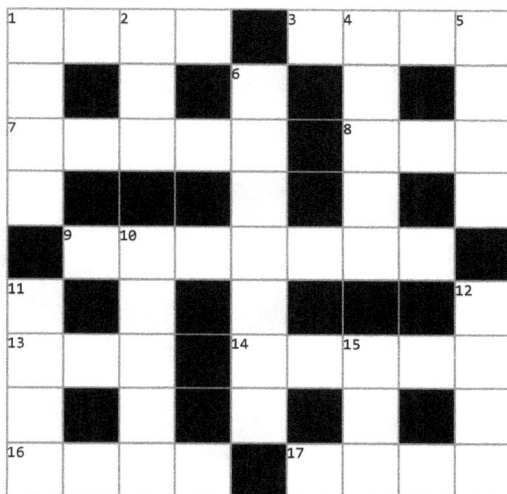

Across

1. *(you/tu)* say
3. tone
7. priest
8. hey
9. soldiers
13. use
14. kingdom
16. area
17. face

Down

1. afterwards
2. that
4. west
5. oil
6. vegetable
10. smell
11. moon
12. bull
15. him

No. 122

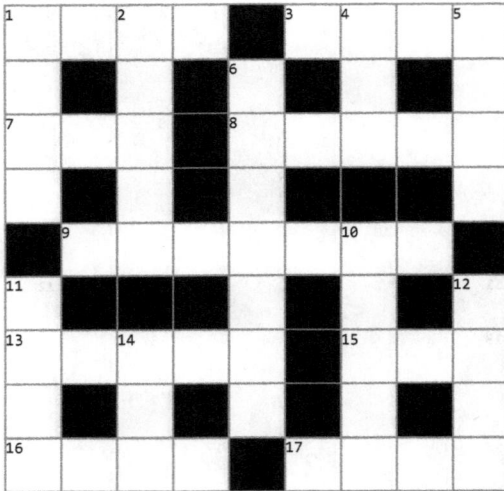

Across
1. fame
3. magician
7. not
8. sport
9. misery
13. countries
15. who; whom
16. high
17. goddess

Down
1. end; fine
2. worlds
4. needle
5. eight
6. inn
10. whose (2,3)
11. spy
12. file
14. east

No. 123

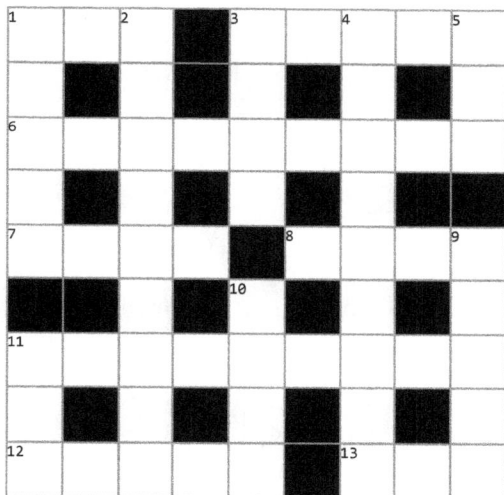

Across

1. he
3. crisis
6. cigarette
7. today
8. grass
11. thirty-six
12. vinegar
13. echo

Down

1. luxury
2. engineer
3. wax
4. interest
5. anger
9. friend
10. act
11. between; among

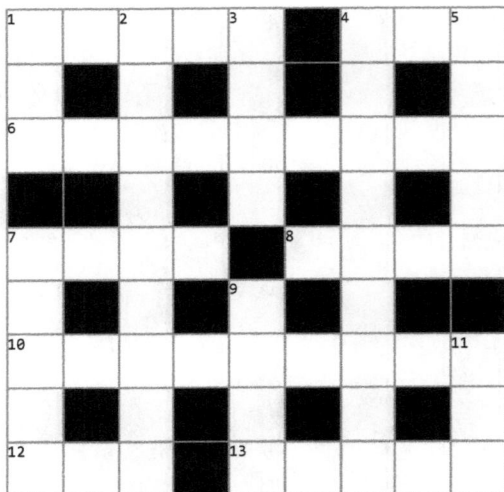

Across

1. envelopes
4. ever
6. summary
7. pepper
8. row; queue
10. to place
12. hour
13. *(he will)* love

Down

1. bar
2. crutch
3. it
4. to beg
5. island
7. package
9. boredom
11. age

No. 125

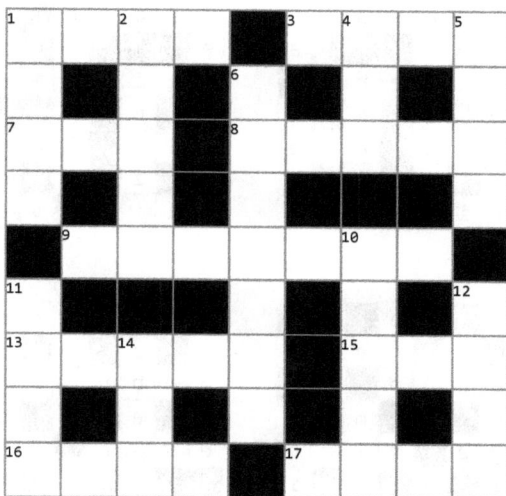

Across

1. *(he)* says
3. man
7. your; yours
8. crosses
9. nectar
13. alcohol
15. three
16. healthy
17. seal

Down

1. finger
2. heart
4. gold
5. hatred
6. box
10. rear
11. chaos
12. silk
14. with

Solutions

No. 1

r	u	p	e	█	r	i	v	a
e	█	i	█	n	█	r	█	r
n	o	n	█	e	s	a	m	e
i	█	z	█	g	█	█	█	a
█	d	e	p	o	r	r	e	█
s	█	█	█	z	█	e	█	z
p	a	e	s	i	█	a	p	e
i	█	s	█	o	█	l	█	r
a	t	t	i	█	n	e	r	o

No. 2

v	e	d	a	█	r	e	t	e
o	█	i	█	n	█	x	█	r
c	u	o	c	o	█	t	u	o
e	█	█	█	r	█	r	█	i
█	g	i	a	m	m	a	i	█
a	█	n	█	a	█	█	█	p
g	l	i	█	l	u	n	g	o
r	█	z	█	e	█	o	█	c
o	l	i	o	█	v	i	v	o

No. 3

█	c	i	█	r	e	█	u	█
v	o	█	i	█	c	e	n	a
█	n	o	n	n	o	█	o	█
u	█	g	█	é	█	m	█	p
s	e	g	a	█	d	i	t	o
o	█	i	█	u	█	t	█	i
█	t	█	a	n	s	i	a	█
t	r	a	m	█	u	█	l	ì
█	a	█	i	l	█	d	a	█

No. 4

o	r	a	█	t	o	m	b	a
s	█	b	█	a	█	e	█	m
a	m	b	u	l	a	n	z	a
r	█	a	█	e	█	d	█	█
e	s	s	o	█	d	i	c	o
█	█	s	█	a	█	c	█	d
s	b	a	g	l	i	a	t	o
u	█	r	█	b	█	r	█	r
d	i	e	t	a	█	e	h	i

No. 5

s	e	m	i	█	o	r	s	o
e	█	i	█	l	█	o	█	d
r	u	o	t	a	█	s	e	i
e	█	█	█	s	█	p	█	o
█	c	l	a	c	s	o	n	█
t	█	e	█	e	█	█	█	t
a	m	o	█	r	i	c	c	o
x	█	n	█	ò	█	h	█	p
i	d	e	a	█	g	i	r	o

No. 6

e	r	b	a	█	a	l	t	o
s	█	l	█	f	█	e	█	s
s	c	u	s	a	█	g	a	s
i	█	█	█	r	█	g	█	o
█	s	c	i	m	m	i	a	█
e	█	r	█	a	█	█	█	b
s	u	o	█	c	o	l	p	a
c	█	c	█	o	█	u	█	s
a	r	i	a	█	s	i	t	i

Solutions

No. 7

c	i	g	n	o	■	s	c	i
h	■	u	■	t	■	c	■	s
e	l	e	t	t	r	i	c	o
■	■	r	■	o	■	v	■	l
c	u	r	a	■	m	o	d	a
a	■	i	■	r	■	l	■	■
p	r	e	n	o	t	a	r	e
r	■	r	■	s	■	r	■	t
a	g	o	■	a	m	e	r	à

No. 8

v	e	d	i	■	r	i	g	a
i	■	i	■	u	■	r	■	r
t	r	e	■	l	e	a	l	e
e	■	c	■	u	■	■	■	a
■	c	i	c	l	o	n	e	■
n	■	■	■	a	■	o	■	u
o	v	e	s	t	■	n	e	o
r	■	s	■	o	■	n	■	m
d	i	t	e	■	v	a	s	o

No. 9

■	r	■	m	■	a	■	c	■
d	i	b	a	t	t	e	r	e
■	p	■	i	■	o	■	e	■
z	o	o	■	u	m	i	d	o
■	s	■	i	■	o	■	e	■
f	a	l	l	e	■	u	v	a
■	r	■	m	■	b	■	a	■
o	s	p	i	t	a	n	t	e
■	i	■	o	■	r	■	e	■

No. 10

s	■	i	l	■	v	■	a	■
e	c	o	■	p	a	u	r	e
■	r	■	g	■	i	■	t	■
r	u	o	l	o	■	p	i	ù
■	d	■	i	■	n	■	g	■
l	e	i	■	b	o	l	l	a
■	l	■	g	■	n	■	i	■
s	t	a	r	e	■	c	o	n
■	à	■	u	■	m	i	■	é

No. 11

a	n	n	i	■	s	e	n	o
t	■	u	■	h	■	h	■	l
t	u	o	■	a	m	i	c	i
o	■	v	■	v	■	■	■	o
■	h	o	v	i	s	t	o	■
a	■	■	■	s	■	r	■	o
s	p	o	r	t	■	o	c	a
s	■	r	■	o	■	v	■	s
e	r	o	i	■	d	i	c	i

No. 12

r	a	m	e	■	m	u	r	o
i	■	a	■	b	■	n	■	d
s	u	d	■	o	d	o	r	i
o	■	r	■	c	■	■	■	o
■	p	e	s	c	a	r	e	■
c	■	■	■	a	■	e	■	f
a	l	c	o	l	■	t	r	a
o	■	h	■	e	■	r	■	m
s	p	i	e	■	n	o	m	e

Solutions

No. 13

t	o	p	o	■	o	g	g	i
i	■	o	■	f	■	i	■	d
p	r	i	m	a	■	o	r	e
o	■	■	■	r	■	i	■	a
■	g	i	a	m	m	a	i	■
l	■	n	■	a	■	■	■	f
a	m	i	■	c	o	l	l	a
m	■	z	■	o	■	u	■	r
a	r	i	a	■	d	i	r	ò

No. 14

d	■	h	o	■	h	■	a	■
a	l	a	■	m	a	r	c	e
■	e	■	z	■	i	■	c	■
c	o	p	i	a	■	f	a	i
■	p	■	a	■	s	■	d	■
g	a	s	■	m	u	s	e	o
■	r	■	z	■	o	■	r	■
a	d	d	i	o	■	s	e	i
■	o	■	o	■	l	ì	■	n

No. 15

d	i	v	a	■	o	n	d	a
i	■	i	■	a	■	o	■	r
t	r	e	■	s	t	i	l	e
o	■	n	■	i	■	■	■	a
■	s	i	g	n	o	r	a	■
m	■	■	■	a	■	e	■	v
o	v	e	s	t	■	a	m	o
d	■	s	■	a	■	l	■	c
a	r	t	e	■	s	e	m	i

No. 16

v	a	c	u	o	■	i	r	a
i	■	o	■	s	■	n	■	t
a	s	s	a	s	s	i	n	o
■	■	t	■	o	■	e	■	m
c	u	r	e	■	o	t	t	o
o	■	u	■	c	■	t	■	■
s	c	i	v	o	l	a	r	e
t	■	r	■	s	■	r	■	t
a	p	e	■	a	m	e	r	à

No. 17

z	a	i	n	o	■	v	a	i
o	■	n	■	g	■	e	■	s
o	r	d	i	n	a	r	i	o
■	■	i	■	i	■	t	■	l
b	a	r	a	■	l	i	m	a
a	■	i	■	c	■	c	■	■
r	a	z	i	o	n	a	l	e
b	■	z	■	d	■	l	■	c
a	g	o	■	a	c	e	t	o

No. 18

u	r	l	i	■	g	o	l	a
o	■	e	■	o	■	r	■	l
m	i	o	■	s	p	o	r	t
o	■	n	■	t	■	■	■	o
■	d	e	s	e	r	t	o	■
r	■	■	■	r	■	o	■	d
i	l	c	u	i	■	m	a	i
g	■	o	■	a	■	b	■	r
a	n	n	i	■	f	a	r	à

Solutions

No. 19

p	a	l	o	■	s	u	g	o
a	■	u	■	b	■	n	■	d
n	e	o	■	o	d	o	r	i
e	■	g	■	c	■	■	■	o
■	t	o	c	c	a	r	e	■
v	■	■	■	a	■	o	■	f
a	l	c	o	l	■	t	r	a
s	■	h	■	e	■	t	■	m
o	l	i	o	■	n	o	t	a

No. 20

l	a	t	i	■	c	a	n	i
u	■	o	■	e	■	m	■	d
n	o	n	■	s	t	a	r	e
a	■	n	■	e	■	■	■	a
■	f	o	r	m	i	c	a	■
a	■	■	■	p	■	l	■	g
s	c	u	d	i	■	a	m	i
s	■	s	■	o	■	v	■	r
e	r	o	e	■	p	a	i	o

No. 21

p	a	s	t	o	■	s	u	d
o	■	i	■	g	■	c	■	i
i	n	g	e	g	n	e	r	e
■	■	a	■	i	■	g	■	t
b	e	r	e	■	a	l	b	a
o	■	e	■	r	■	i	■	■
m	e	t	t	e	r	e	m	o
b	■	t	■	n	■	r	■	r
a	l	a	■	e	r	e	d	e

No. 22

u	■	v	■	i	n	■	e	■
n	u	o	t	o	■	s	c	i
■	c	■	è	■	b	■	o	■
o	c	a	■	d	a	n	n	o
■	i	■	p	■	r	■	o	■
a	d	d	i	o	■	a	m	o
■	e	■	ù	■	c	■	i	■
g	r	u	■	d	i	r	a	i
■	e	■	s	a	■	e	■	l

No. 23

g	r	i	d	a	■	v	i	a
a	■	n	■	r	■	i	■	m
s	e	t	t	i	m	a	n	a
■	■	e	■	a	■	g	■	r
n	o	r	d	■	a	g	r	o
o	■	e	■	l	■	i	■	■
t	o	s	t	a	p	a	n	e
t	■	s	■	n	■	r	■	t
e	h	i	■	a	m	e	r	à

No. 24

f	i	c	o	■	e	s	c	a
o	■	i	■	u	■	u	■	r
c	h	e	■	f	i	o	r	e
a	■	l	■	f	■	■	■	a
■	s	i	r	i	n	g	a	■
s	■	■	■	c	■	o	■	m
p	a	e	s	i	■	f	a	i
i	■	s	■	o	■	f	■	t
a	t	t	i	■	t	o	p	o

Solutions

No. 25

v	e	d	a	■	s	a	n	o
i	■	i	■	o	■	g	■	t
t	r	e	■	s	p	o	r	t
e	■	c	■	t	■	■	■	o
■	m	i	s	e	r	i	a	■
l	■	■	■	r	■	s	■	n
i	l	c	u	i	■	o	r	o
m	■	o	■	a	■	l	■	d
a	n	n	i	■	c	a	r	o

No. 26

n	a	s	o	■	n	a	t	o
i	■	t	■	o	■	r	■	l
d	i	r	i	g	e	r	s	i
o	■	a	■	g	■	o	■	o
■	i	n	v	e	r	s	o	■
n	■	i	■	t	■	s	■	v
e	l	e	t	t	r	i	c	o
r	■	r	■	i	■	r	■	c
o	d	i	o	■	i	e	r	i

No. 27

l	a	m	a	■	l	a	t	i
u	■	a	■	a	■	m	■	d
n	o	n	■	s	p	i	n	e
a	■	z	■	s	■	■	■	a
■	m	o	n	a	r	c	a	■
c	■	■	■	l	■	o	■	d
o	v	e	s	t	■	l	u	i
d	■	c	■	o	■	p	■	c
e	r	o	i	■	t	i	p	o

No. 28

u	s	o	■	a	m	p	i	o
s	■	c	■	l	■	r	■	r
c	i	c	a	t	r	i	c	e
i	■	a	■	o	■	m	■	■
o	a	s	i	■	c	a	s	a
■	■	i	■	t	■	v	■	m
t	r	o	v	e	r	e	m	o
u	■	n	■	m	■	r	■	r
o	l	i	v	a	■	a	p	e

No. 29

■	d	■	n	o	i	■	p	■
m	i	o	■	r	■	m	a	i
■	m	■	g	l	i	■	r	■
l	i	b	r	o	■	v	a	i
■	n	■	u	■	h	■	l	■
s	u	d	■	p	a	l	l	e
■	i	■	p	o	i	■	e	■
t	r	a	■	c	■	b	l	u
■	e	■	z	o	o	■	o	■

No. 30

f	■	s	e	■	b	■	s	■
a	m	a	■	m	a	p	p	e
■	u	■	e	■	r	■	r	■
l	o	t	t	e	■	l	e	i
■	v	■	à	■	d	■	m	■
n	e	o	■	m	u	s	e	o
■	r	■	u	■	e	■	r	■
a	s	i	n	o	■	s	e	i
■	i	■	o	■	l	ì	■	l

Solutions

No. 31

s	u	g	o	■	e	s	c	a
e	■	u	■	s	■	u	■	r
g	a	s	■	a	l	o	n	e
a	■	t	■	l	■	■	■	a
■	c	o	d	a	r	d	o	■
s	■	■	■	r	■	i	■	r
p	a	e	s	i	■	s	c	i
i	■	s	■	o	■	c	■	v
a	t	t	o	■	r	o	s	a

No. 32

f	o	s	s	a	■	c	h	i
a	■	e	■	s	■	r	■	s
i	n	t	e	s	t	i	n	o
■	■	t	■	o	■	m	■	l
a	r	i	a	■	l	i	m	a
n	■	m	■	a	■	n	■	■
s	b	a	g	l	i	a	t	o
i	■	n	■	b	■	l	■	c
a	l	a	■	a	v	e	n	a

No. 33

v	a	s	o	■	f	a	r	o
e	■	t	■	o	■	r	■	d
d	i	r	i	g	e	r	s	i
a	■	a	■	g	■	o	■	o
■	i	n	v	e	r	s	o	■
n	■	i	■	t	■	s	■	c
e	l	e	t	t	r	i	c	o
r	■	r	■	i	■	r	■	m
o	l	i	o	■	n	e	v	e

No. 34

m	e	s	e	■	l	u	c	i
i	■	f	■	i	■	v	■	d
t	r	e	■	s	t	a	r	e
i	■	r	■	o	■	■	■	a
■	t	a	l	l	o	n	e	■
d	■	■	■	a	■	u	■	g
o	v	e	s	t	■	o	r	o
v	■	c	■	o	■	t	■	l
e	r	o	i	■	n	o	t	a

No. 35

a	m	i	c	o	■	i	r	a
g	■	m	■	t	■	g	■	v
o	s	p	i	t	a	n	t	e
■	■	o	■	o	■	o	■	v
v	i	t	e	■	e	r	b	a
a	■	e	■	b	■	a	■	■
c	i	n	q	u	a	n	t	a
u	■	t	■	c	■	z	■	p
o	r	e	■	o	s	a	r	e

No. 36

s	■	h	a	■	m	■	o	
u	s	o	■	p	a	u	s	a
■	t	■	m	■	i	■	t	
r	a	d	i	o	■	z	i	a
■	g	■	o	■	d	■	n	■
z	i	o	■	d	i	r	a	i
■	o	■	c	■	o	■	t	
a	n	c	h	e	■	c	o	n
■	i	■	e	■	m	i	■	é

Solutions

No. 37

d	■	s	e	■	s	■	s	■
a	m	a	■	b	u	s	t	a
■	u	■	e	■	d	■	r	■
m	o	r	t	e	■	g	i	à
■	v	■	à	■	n	■	s	■
l	e	i	■	f	e	l	c	e
■	r	■	u	■	o	■	i	■
a	s	i	n	o	■	v	a	i
■	i	■	o	■	i	o	■	n

No. 38

u	r	l	o	■	s	e	t	a
o	■	e	■	o	■	h	■	r
v	i	a	■	s	p	i	n	e
o	■	l	■	t	■	■	■	a
■	v	e	n	e	r	d	ì	■
s	■	■	■	r	■	e	■	l
p	a	e	s	i	■	t	r	a
i	■	s	■	a	■	t	■	t
a	t	t	i	■	t	o	p	o

No. 39

■	c	■	z	■	b	■	a	■
d	o	p	o	b	a	r	b	a
■	c	■	o	■	c	■	b	■
s	c	i	■	l	i	b	r	o
■	o	■	a	■	o	■	a	■
c	l	i	m	a	■	o	c	a
■	a	■	p	■	b	■	c	■
o	r	d	i	n	a	r	i	o
■	e	■	o	■	r	■	o	■

No. 40

p	u	r	o	■	a	l	b	a
a	■	o	■	r	■	u	■	r
g	a	s	■	i	n	i	z	i
a	■	p	■	s	■	■	■	a
■	t	o	r	c	e	r	e	■
a	■	■	■	h	■	e	■	n
n	o	n	n	i	■	a	m	o
n	■	o	■	o	■	l	■	c
o	g	n	i	■	n	e	v	e

No. 41

i	e	r	i	■	s	o	l	o
d	■	i	■	p	■	r	■	d
e	s	p	l	o	s	i	v	i
a	■	o	■	l	■	g	■	o
■	e	s	e	m	p	i	o	■
o	■	a	■	o	■	n	■	m
s	f	r	o	n	t	a	t	o
s	■	s	■	i	■	l	■	d
o	l	i	o	■	v	e	l	a

No. 42

a	s	s	o	■	n	a	s	o
s	■	f	■	a	■	g	■	t
s	e	i	■	s	p	o	r	t
e	■	d	■	s	■	■	■	o
■	p	a	l	a	z	z	i	■
b	■	■	■	l	■	a	■	r
o	v	e	s	t	■	i	r	a
x	■	c	■	o	■	n	■	m
e	r	o	e	■	c	o	m	e

Solutions

No. 43

m	a	r	z	o	■	c	o	n
a	■	i	a	■	r	■	u
i	n	t	e	s	t	i	n	o
■	■	r	■	i	■	m	■	t
c	a	o	s	■	d	i	c	o
o	■	v	■	r	■	n	■	■
s	c	a	l	i	n	a	t	a
t	■	r	■	v	■	l	■	p
o	r	e	■	e	r	e	d	e

No. 44

m	■	i	■	h	o	■	p	■
i	s	o	l	a	■	b	l	u
■	o	■	ì	■	n	■	a	■
g	r	u	■	f	o	s	s	a
■	p	■	u	■	i	■	t	■
t	r	e	n	i	■	z	i	a
■	e	■	o	■	c	■	c	■
u	s	o	■	d	i	r	a	i
■	a	■	s	a	■	e	■	l

No. 45

c	e	n	a	■	r	a	n	a
a	■	u	■	c	■	m	■	r
n	e	o	■	a	g	i	r	e
i	■	v	■	m	■	■	■	a
■	h	o	v	i	s	t	o	■
s	■	■	■	c	■	o	■	c
p	a	e	s	i	■	m	i	o
i	■	s	■	a	■	b	■	d
a	t	t	i	■	l	a	n	a

No. 46

f	o	r	t	e	■	a	l	a
a	■	u	■	s	■	l	■	n
i	m	b	e	c	i	l	l	i
■	■	i	■	a	■	u	■	m
m	a	n	o	■	a	n	c	a
i	■	e	■	d	■	g	■	■
s	e	t	t	i	m	a	n	e
t	■	t	■	v	■	r	■	t
o	r	o	■	a	m	e	r	à

No. 47

■	s	u	d	■	u	■	c	■
n	o	n	■	a	v	r	a	i
■	l	■	g	■	a	■	p	■
r	u	o	l	o	■	z	o	o
■	z	■	i	■	d	■	c	■
p	i	ù	■	m	u	t	u	o
■	o	■	t	■	e	■	o	■
o	n	o	r	e	■	s	c	i
■	i	■	a	■	t	u	o	■

No. 48

d	o	v	e	■	d	o	p	o
i	■	e	■	m	■	r	■	l
t	e	n	t	a	t	i	v	i
e	■	d	■	c	■	g	■	o
■	r	i	s	c	h	i	o	■
r	■	c	■	h	■	n	■	s
e	s	a	g	i	t	a	r	e
n	■	r	■	a	■	l	■	m
i	d	e	a	■	i	e	r	i

Solutions

No. 49

█	a	s	█	a	█	p	█	
i	n	v	e	n	t	a	r	e
█	t	█	i	█	r	█	a	█
g	i	à	█	a	i	u	t	o
█	p	█	c	█	o	█	i	█
p	a	u	r	a	█	o	c	a
█	t	█	o	█	z	█	a	█
f	i	s	c	h	i	a	r	e
█	a	█	e	█	o	█	e	█

No. 50

t	a	l	e	█	p	e	s	o
r	█	e	█	u	█	c	█	d
a	m	o	█	f	u	o	r	i
m	█	n	█	f	█	█	█	o
█	v	e	d	i	a	m	o	█
l	█	█	█	c	█	e	█	m
i	l	c	u	i	█	t	r	e
m	█	h	█	o	█	r	█	s
a	r	i	a	█	v	o	c	i

No. 51

m	█	i	█	s	e	█	c	█
i	s	o	l	a	█	c	h	e
█	t	█	ì	█	z	█	i	█
v	a	i	█	z	i	t	t	o
█	z	█	b	█	a	█	a	█
c	i	c	l	o	█	o	r	a
█	o	█	u	█	c	█	r	█
u	n	o	█	d	i	r	a	i
█	e	█	f	a	█	e	█	l

No. 52

n	a	t	o	█	c	a	n	e
i	█	u	█	e	█	m	█	r
d	i	o	█	g	r	a	t	o
o	█	n	█	o	█	█	█	e
█	m	o	b	i	l	i	o	█
r	█	█	█	s	█	l	█	c
o	v	e	s	t	█	m	a	i
s	█	s	█	a	█	i	█	a
a	l	t	o	█	t	o	p	o

No. 53

o	g	n	i	█	f	a	m	a
r	█	u	█	c	█	g	█	r
m	i	o	█	a	l	o	n	e
a	█	v	█	u	█	█	█	a
█	p	o	r	t	a	r	e	█
d	█	█	█	e	█	e	█	m
a	l	c	o	l	█	g	r	u
g	█	o	█	a	█	n	█	r
a	n	n	o	█	u	o	v	o

No. 54

s	u	d	█	v	a	s	c	a
c	█	i	█	o	█	e	█	l
a	e	r	o	l	i	n	e	a
l	█	e	█	i	█	t	█	█
a	t	t	i	█	v	i	t	a
█	█	t	█	v	█	v	█	v
t	r	o	v	a	v	a	t	e
r	█	r	█	s	█	m	█	v
a	v	i	d	o	█	o	r	o

Solutions

No. 55

	t	u	o		n		e	
n	o	n		s	e	l	l	a
	s		i		o		e	
s	t	a	r	e		e	t	à
	a		a		d		t	
a	p	e		s	u	o	r	e
	a		e		e		i	
a	n	c	h	e		s	c	i
	e		i		s	u	o	

No. 56

p	e	r	ò		t	i	p	o
o		i		f		n		l
c	i	t	t	a	d	i	n	i
o		r		g		e		o
	h	o	v	i	s	t	o	
e		v		o		t		n
s	b	a	g	l	i	a	t	o
s		r		o		r		m
i	d	e	a		f	e	d	e

No. 57

r	u	p	e		c	i	b	o
i		o		m		l		d
g	r	i	d	a		c	h	i
a				r		u		o
	m	a	c	c	h	i	a	
c		m		i				p
a	m	i		t	a	s	s	e
o		c		o		e		s
s	p	i	e		d	i	c	o

No. 58

d	i	t	o		a	r	t	e
i		r		n		a		s
c	i	e	c	o		g	a	s
i				r		n		o
	s	c	i	m	m	i	a	
a		r		a				v
l	e	i		l	e	g	g	i
b		s		e		l		n
a	r	i	a		r	i	s	o

No. 59

b	u	c	o		v	e	d	e
i		r		e		c		r
c	h	e		c	u	o	c	o
i		d		c				e
	d	e	c	e	n	n	i	
r				t		u		o
o	v	e	s	t		o	c	a
s		s		o		t		s
a	l	t	o		v	o	c	i

No. 60

o	r	m	a		o	r	l	o
g		i		p		i		g
g	i	o	i	e		c	o	n
i				c		c		i
	c	l	a	c	s	o	n	
f		e		a				f
a	m	o		t	a	z	z	a
t		n		i		i		t
a	r	e	a		r	a	m	e

Solutions

No. 61

m		v		s	e		g	
i	s	o	l	a		b	a	r
	p		ì		p		l	
v	a	i		c	i	e	l	i
	u		u		ù		e	
f	r	a	n	a		t	r	a
	i		o		c		i	
o	r	o		d	i	r	a	i
	e		f	a		e		l

No. 62

l	e	t	t	i		t	u	o
u		a		e		o		l
i	n	t	e	r	e	s	s	i
		u		i		t		v
c	i	a	o		f	a	m	a
u		g		n		p		
r	a	g	i	o	n	a	r	e
v		i		r		n		h
a	g	o		d	i	e	c	i

No. 63

r	e	t	e		f	u	m	o
e		i		o		s		t
n	o	n		s	p	o	r	t
e		t		t				o
	g	o	v	e	r	n	o	
l				r		u		p
u	m	a	n	i		o	r	e
c		p		a		v		p
i	d	e	a		c	o	s	e

No. 64

s	a	n	o		f	i	c	o
e		e		t		l		d
t	u	o	n	o		c	h	i
a				r		u		o
	g	e	n	n	a	i	o	
m		s		a				c
u	v	a		r	o	s	p	o
r		m		e		u		m
o	l	i	o		d	o	v	e

No. 65

p	a	p	a		p	a	l	o
a		o		d		n		n
g	r	i	d	o		s	u	d
a				r		i		a
	g	i	a	m	m	a	i	
e		n		i				f
s	c	i		r	o	t	t	o
c		z		e		r		c
a	r	i	a		c	e	n	a

No. 66

d	i	t	o		f	e	d	e
a		r		t		c		r
d	i	o		r	u	o	l	o
o		v		o				i
	g	i	o	v	e	d	i	
c				a		o		r
o	v	e	s	t		n	o	i
d		s		e		n		v
a	l	t	o		n	a	v	e

Solutions

No. 67

m	i	o	⬛	p	o	e	m	a
o	⬛	b	⬛	a	⬛	s	⬛	m
s	e	i	a	n	d	a	t	o
c	⬛	e	⬛	e	⬛	g	⬛	⬛
a	t	t	i	⬛	d	i	v	a
⬛	⬛	t	⬛	a	⬛	t	⬛	m
o	r	i	e	n	t	a	l	e
c	⬛	v	⬛	n	⬛	r	⬛	r
a	v	i	d	o	⬛	e	t	à

No. 68

⬛	d	u	e	⬛	p	⬛	p	⬛
c	o	n	⬛	l	i	b	r	o
⬛	n	⬛	g	⬛	ù	⬛	i	⬛
s	a	p	r	à	⬛	a	m	i
⬛	z	⬛	u	⬛	a	⬛	a	⬛
g	i	à	⬛	a	m	a	v	o
⬛	o	⬛	o	⬛	a	⬛	e	⬛
u	n	i	r	e	⬛	i	r	a
⬛	e	⬛	o	⬛	a	l	a	

No. 69

⬛	f	⬛	a	⬛	g	⬛	a	⬛
r	i	s	c	h	i	o	s	o
⬛	d	⬛	e	⬛	ù	⬛	c	⬛
v	u	o	t	o	⬛	s	e	i
⬛	c	⬛	o	⬛	p	⬛	n	⬛
z	i	a	⬛	p	r	e	s	a
⬛	o	⬛	z	⬛	e	⬛	o	⬛
a	s	c	o	l	t	a	r	e
⬛	o	⬛	o	⬛	e	⬛	e	⬛

No. 70

n	u	d	o	⬛	c	e	r	a
o	⬛	i	⬛	i	⬛	h	⬛	r
c	h	e	⬛	s	p	i	n	e
e	⬛	t	⬛	o	⬛	⬛		a
⬛	p	a	l	l	i	d	o	⬛
e	⬛	⬛	a	⬛	o	⬛		r
s	p	o	r	t	⬛	l	u	i
s	⬛	r	⬛	o	⬛	c	⬛	s
i	d	e	a	⬛	f	i	l	o

No. 71

v	o	l	o	⬛	e	s	s	o
o	⬛	e	⬛	s	⬛	e	⬛	g
c	l	i	m	a	⬛	n	o	n
i	⬛	⬛	⬛	l	⬛	s	⬛	i
⬛	e	s	e	m	p	i	o	⬛
o	⬛	t	⬛	o	⬛	⬛	⬛	t
t	r	a	⬛	n	o	t	t	e
t	⬛	t	⬛	e	⬛	u	⬛	m
o	l	i	o	⬛	n	o	i	a

No. 72

m	⬛	v	⬛	h	o	⬛	b	⬛
i	s	o	l	a	⬛	t	r	e
⬛	t	⬛	ì	⬛	z	⬛	i	⬛
s	u	o	⬛	d	i	e	c	i
⬛	d	⬛	u	⬛	o	⬛	i	⬛
c	i	g	n	o	⬛	p	o	i
⬛	o	⬛	o	⬛	c	⬛	l	⬛
u	s	o	⬛	d	i	r	a	i
⬛	o	⬛	f	a	⬛	e	⬛	o

Solutions

No. 73

n	o	v	e	■	o	r	s	o
a	■	i	■	p	■	o	■	d
s	t	a	r	e	■	s	c	i
o	■	■	■	s	■	s	■	o
■	c	l	a	c	s	o	n	■
f	■	u	■	a	■	■	■	v
a	g	o	■	r	i	c	c	o
m	■	g	■	e	■	h	■	t
e	r	o	e	■	f	i	c	o

No. 74

l	a	g	o	■	c	a	s	a
u	■	l	■	n	■	v	■	l
p	r	i	m	o	■	e	s	t
o	■	■	■	r	■	n	■	o
■	g	i	a	m	m	a	i	■
o	■	n	■	a	■	■	■	d
n	o	i	■	l	u	n	g	o
d	■	z	■	e	■	e	■	v
a	r	i	a	■	c	o	s	e

No. 75

m	e	t	t	o	■	i	r	a
a	■	a	■	s	■	n	■	t
i	n	t	e	s	t	i	n	o
■	■	u	■	o	■	e	■	m
t	r	a	m	■	a	t	t	o
o	■	g	■	r	■	t	■	■
r	a	g	i	o	n	a	r	e
r	■	i	■	s	■	r	■	t
e	c	o	■	a	m	e	r	à

No. 76

o	r	m	a	■	p	a	l	a
a	■	e	■	s	■	p	■	r
s	u	d	■	o	v	e	s	t
i	■	i	■	r	■	■	■	e
■	c	a	p	e	l	l	i	■
c	■	■	■	l	■	a	■	m
a	l	c	o	l	■	d	i	o
o	■	o	■	a	■	r	■	d
s	a	n	o	■	c	o	s	a

No. 77

n	u	d	o	■	p	a	g	a
o	■	i	■	v	■	b	■	r
c	u	s	t	o	d	i	r	e
e	■	c	■	l	■	t	■	a
■	a	u	t	o	b	u	s	■
i	■	t	■	n	■	d	■	n
e	l	e	t	t	r	i	c	o
r	■	r	■	à	■	n	■	m
i	d	e	a	■	n	e	v	e

No. 78

m	a	d	r	e	■	t	r	a
i	■	o	■	s	■	r	■	v
o	c	c	a	s	i	o	n	e
■	■	u	■	o	■	v	■	t
s	e	m	i	■	v	e	d	e
a	■	e	■	t	■	r	■	■
c	o	n	t	e	n	e	r	e
c	■	t	■	m	■	m	■	h
o	r	o	■	a	m	o	r	i

Solutions

No. 79

```
■ s ■ g r u ■ o ■
t u o ■ i ■ o r e
■ p ■ u s o ■ i ■
c e r v o ■ l e i
■ r ■ a ■ s ■ n ■
p i ù ■ t e s t a
■ o ■ v a i ■ a ■
t r e ■ n ■ b l u
■ e ■ f a i ■ e ■
```

No. 80

```
■ u n o ■ b ■ a ■
i n ■ s p a l l a
l ■ d a ■ r ■ a ■
■ f ■ r e ■ s ■ v
s a l e ■ m e n o
u ■ ì ■ m i ■ é ■
■ p ■ d ■ s a ■ i
y o g u r t ■ h o
■ i ■ e ■ o c a ■
```

No. 81

```
c o s e ■ f a r o
a ■ t ■ s ■ m ■ l
v i a ■ c r i s i
o ■ t ■ i ■ ■ ■ o
■ p o l m o n e ■
a ■ ■ m ■ o ■ d
l e g g i ■ n e o
t ■ a ■ a ■ n ■ v
o r s o ■ c o d e
```

No. 82

```
a t t o ■ c a n e
s ■ e ■ m ■ r ■ r
s e n t i v a m o
e ■ t ■ l ■ n ■ e
■ m a n i a c o ■
o ■ t ■ o ■ i ■ v
t r i a n g o l o
t ■ v ■ i ■ n ■ c
o d i o ■ r e n e
```

No. 83

```
m a r z o ■ g l i
a ■ i ■ a ■ r ■ s
i n t e s t i n o
■ ■ r ■ i ■ g ■ l
c a o s ■ a l b a
a ■ v ■ t ■ i ■ ■
p r a t i c a r e
r ■ r ■ p ■ r ■ s
a p e ■ o v e s t
```

No. 84

```
f a m a ■ s e r a
o ■ i ■ p ■ c ■ r
c h e ■ o d o r e
a ■ l ■ n ■ ■ ■ a
■ v e s t i t i ■
r ■ ■ i ■ a ■ i
a l c o l ■ s u d
n ■ o ■ e ■ s ■ e
a n n i ■ s e g a
```

Solutions

No. 85

v	o	l	o	■	v	i	t	a
i	■	e	■	s	■	r	■	r
t	r	a	■	e	s	a	m	i
e	■	l	■	c	■	■	■	a
■	l	e	c	c	a	r	e	■
a	■	■	h	■	e	■	■	p
g	e	n	t	i	■	a	m	a
r	■	o	■	o	■	l	■	g
o	g	n	i	■	c	e	n	a

No. 86

s	e	t	t	e	■	o	r	a
u	■	r	■	s	■	r	■	t
o	r	e	c	c	h	i	n	o
■	■	n	■	a	■	g	■	m
n	a	t	o	■	f	i	c	o
o	■	a	■	b	■	n	■	■
t	o	s	t	a	p	a	n	e
t	■	e	■	r	■	l	■	t
e	h	i	■	a	m	e	r	à

No. 87

■	z	i	a	■	n	■	a	■
z	o	o	■	f	o	g	l	i
■	p	■	u	■	i	■	l	■
s	p	o	s	o	■	l	u	i
■	i	■	o	■	s	■	m	■
s	c	i	■	s	e	d	i	e
■	a	■	u	■	i	■	n	■
t	r	e	n	o	■	m	i	o
■	e	■	o	■	z	i	o	■

No. 88

u	■	i	■	s	u	■	t
n	o	n	n	a	■	t	r	e
■	r	■	é	■	b	■	a
l	e	i	■	z	a	m	p	a
■	c	■	a	■	r	■	p
s	c	a	l	a	■	p	o	i
■	h	■	a	■	c	■	l
g	i	ù	■	d	i	r	a	i
■	o	■	f	a	■	e	■	l

No. 89

s	u	g	o	■	c	i	a	o
e	■	i	■	b	■	n	■	l
t	e	n	t	a	t	i	v	i
a	■	o	■	c	■	e	■	o
■	s	c	r	i	t	t	o	■
a	■	c	■	a	■	t	■	b
s	c	h	e	r	z	a	r	e
s	■	i	■	e	■	r	■	n
e	r	o	i	■	s	e	t	e

No. 90

c	o	r	d	a	■	g	a	s
h	■	u	■	t	■	r	■	f
i	m	b	o	t	t	i	r	e
■	■	i	■	i	■	g	■	r
m	a	n	o	■	a	l	b	a
e	■	e	■	e	■	i	■	■
d	e	t	e	s	t	a	r	e
i	■	t	■	s	■	r	■	s
a	m	o	■	o	v	e	s	t

Solutions

No. 91

a	r	t	e	■	o	r	s	o
r	■	u	■	d	■	o	■	n
c	r	o	c	i	■	s	u	d
o	■	■	■	s	■	s	■	a
■	c	l	a	c	s	o	n	■
f	■	e	■	e	■	■	■	s
a	g	o	■	s	t	u	f	a
m	■	n	■	a	■	v	■	n
a	r	e	a	■	f	a	t	o

No. 92

c	a	n	e	■	r	a	m	o
o	■	u	■	c	■	m	■	d
d	i	o	■	a	m	i	c	i
a	■	v	■	p	■	■	■	o
■	m	o	d	e	l	l	i	■
t	■	■	■	l	■	e	■	r
a	l	c	o	l	■	a	m	a
n	■	o	■	i	■	l	■	n
a	n	n	i	■	v	e	n	a

No. 93

s	e	r	i	o	■	g	l	i
u	■	a	■	g	■	a	■	s
o	r	d	i	n	a	r	i	o
■	■	i	■	i	■	a	■	l
t	r	a	m	■	a	n	c	a
a	■	t	■	f	■	t	■	■
p	r	o	p	o	s	i	t	i
p	■	r	■	c	■	r	■	r
o	r	e	■	a	v	e	v	a

No. 94

l	a	r	g	o	■	o	c	a
u	■	a	■	g	■	r	■	v
i	n	s	e	g	u	i	r	e
■	■	t	■	i	■	g	■	n
b	a	r	a	■	c	i	m	a
a	■	e	■	n	■	n	■	■
c	a	l	c	o	l	a	r	e
i	■	l	■	i	■	l	■	c
o	r	o	■	a	c	e	t	o

No. 95

i	■	u	■	s	ì	■	t	■
n	o	n	n	a	■	v	a	i
■	s	■	é	■	f	■	s	■
a	p	e	■	t	a	t	t	o
■	e	■	t	■	i	■	i	■
o	d	o	r	i	■	n	e	o
■	a	■	a	■	m	■	r	■
a	l	a	■	d	i	r	a	i
■	i	■	f	a	■	e	■	l

No. 96

c	u	b	o	■	t	o	p	o
i	■	r	■	f	■	r	■	l
a	b	i	t	u	d	i	n	i
o	■	l	■	n	■	z	■	o
■	a	l	t	e	z	z	a	■
b	■	a	■	b	■	o	■	t
i	g	n	o	r	a	n	t	e
c	■	t	■	e	■	t	■	m
i	d	e	a	■	d	i	v	a

Solutions

No. 97

```
s u g o ■ l a n a
e ■ r ■ s ■ m ■ r
n o i ■ c u o r i
o ■ d ■ r ■ ■ ■ a
■ n a z i o n e ■
m ■ ■ ■ t ■ o ■ n
o v e s t ■ t r e
d ■ s ■ o ■ t ■ r
a t t i ■ p e s o
```

No. 98

```
d a d o ■ f i l a
o ■ i ■ f ■ n ■ r
p o s s i b i l e
o ■ o ■ o ■ e ■ a
■ i n g r a t o ■
a ■ e ■ a ■ t ■ s
r e s p i r a r e
t ■ t ■ o ■ r ■ m
e r o e ■ s e t e
```

No. 99

```
■ m i o ■ z ■ s ■
z o o ■ d i s c o
■ r ■ u ■ o ■ r ■
p i a n o ■ p i ù
■ b ■ o ■ b ■ v ■
p o i ■ m a r e a
■ n ■ z ■ r ■ r ■
a d d i o ■ h a i
■ o ■ a ■ m a i ■
```

No. 100

```
o a s i ■ p u r o
n ■ c ■ o ■ s ■ t
d i o ■ s p o r t
a ■ p ■ t ■ ■ ■ o
■ r a m e t t o ■
a ■ ■ ■ r ■ o ■ r
g e n t i ■ s c i
r ■ o ■ a ■ s ■ v
o g n i ■ r e t e
```

No. 101

```
s e t t e ■ o r a
u ■ r ■ s ■ r ■ m
o r e c c h i n o
■ ■ n ■ a ■ g ■ r
m i t o ■ v i t e
o ■ o ■ c ■ n ■ ■
r i t r o v a r e
t ■ t ■ d ■ l ■ c
o r o ■ a c e t o
```

No. 102

```
c a p o ■ o s s o
a ■ a ■ c ■ e ■ d
s u d ■ a m i c i
a ■ r ■ u ■ ■ ■ o
■ v e s t i t o ■
p ■ ■ ■ e ■ e ■ f
a l c o l ■ n e o
g ■ o ■ a ■ d ■ c
a n n o ■ p a l a
```

Solutions

No. 103

a	l	a	■	s	o	p	r	a
n	■	r	■	o	■	i	■	g
s	b	a	g	l	i	a	t	o
i	■	n	■	e	■	c	■	■
a	r	c	o	■	v	e	l	a
■	■	i	■	b	■	v	■	m
g	i	o	c	a	t	o	r	e
a	■	n	■	r	■	l	■	r
s	f	e	r	a	■	e	t	à

No. 104

b	i	c	i	■	c	a	n	i
e	■	r	■	s	■	p	■	d
n	o	i	■	a	v	e	r	e
e	■	s	■	l	■	■	■	a
■	r	i	t	a	r	d	i	■
s	■	■	■	r	■	e	■	n
p	a	e	s	i	■	t	r	a
i	■	s	■	o	■	t	■	v
a	l	t	o	■	c	o	s	e

No. 105

l	e	v	a	■	f	a	t	a
u	■	e	■	p	■	l	■	r
c	o	n	t	r	o	l	l	i
i	■	t	■	a	■	e	■	a
■	s	e	n	t	o	n	o	■
a	■	s	■	i	■	t	■	t
s	c	i	o	c	c	a	t	o
s	■	m	■	a	■	r	■	p
e	r	o	e	■	s	e	n	o

No. 106

a	r	m	a	■	n	a	s	o
s	■	i	■	t	■	g	■	l
s	u	o	l	o	■	l	e	i
o	■	■	■	c	■	i	■	o
■	c	l	a	c	s	o	n	■
f	■	e	■	a	■	■	■	n
a	m	o	■	r	a	g	n	o
m	■	n	■	e	■	l	■	d
a	r	e	a	■	n	i	d	o

No. 107

c	a	p	r	a	■	b	l	u
h	■	a	■	g	■	e	■	m
i	g	n	o	r	a	n	z	a
■	■	t	■	o	■	v	■	n
c	i	a	o	■	p	e	s	o
o	■	l	■	r	■	n	■	■
p	r	o	c	e	d	u	r	a
i	■	n	■	t	■	t	■	m
a	m	i	■	i	s	o	l	a

No. 108

i	■	m	■	s	u	■	f	■
o	l	i	v	a	■	v	a	i
■	u	■	o	■	q	■	t	
e	c	o	■	t	u	t	t	o
■	i	■	i	■	i	■	o	
o	d	o	r	i	■	o	r	o
■	a	■	a	■	c	■	i	
o	r	e	■	d	i	r	a	i
■	e	■	f	a	e	■	l	

Solutions

No. 109

	m	s		o		r	
c	a	p	p	u	c	c	i	o
	t		a		a		s	
t	e	n	d	a		s	u	d
	r		e		l		l	
m	a	i		g	e	s	t	o
	s		z		g		a	
a	s	s	o	n	n	a	t	o
	o		o		a		i	

No. 110

c	u	b	o		r	a	m	o
a		u		a		g		t
s	u	o		s	p	o	r	t
a		n		s				o
	m	o	n	a	r	c	a	
t				l		l		p
o	v	e	s	t		a	l	a
r		h		o		v		l
o	d	i	o		d	a	g	a

No. 111

v	e	l	a		m	a	l	i
e		e		b		p		d
n	o	n		a	v	e	r	e
a		t		m				a
	s	o	r	b	i	r	e	
p			o		o			v
a	l	c	o	l		s	e	i
g		o		a		p		t
a	n	n	i		d	o	v	e

No. 112

e	s	s	i		l	u	c	e
s		f		a		s		r
c	h	e		c	u	o	c	o
a		r		c				e
	b	a	c	i	a	r	e	
s				a		o		b
p	a	e	s	i		t	r	a
i		s		o		t		r
a	l	t	o		r	o	s	a

No. 113

d	i	t	o		n	o	t	a
i		u		f		m		v
v	i	o	l	a		b	a	r
a				r		r		ò
	g	i	a	m	m	a	i	
a		n		a				f
l	u	i		c	a	u	s	a
b		z		o		n		r
a	r	i	a		c	o	m	e

No. 114

v	i	v	o		n	i	d	o
i		i		c		l		l
s	c	a	l	a		c	h	i
o				s		u		o
	v	e	c	c	h	i	o	
f		s		a				n
a	m	a		t	o	n	n	o
m		m		a		e		d
a	r	e	a		t	o	n	o

Solutions

No. 115

u	v	a	■	c	i	e	c	o
m	■	l	■	e	■	s	■	r
a	l	l	e	n	t	a	r	e
n	■	a	■	a	■	g	■	■
i	e	r	i	■	f	i	l	a
■	■	m	■	c	■	t	■	m
p	r	a	t	i	c	a	r	e
o	■	t	■	m	■	r	■	r
i	s	o	l	a	■	e	t	à

No. 116

f	o	r	n	o	■	i	r	a
a	■	a	■	g	■	n	■	v
i	n	s	e	g	u	i	r	e
■	■	t	■	i	■	e	■	v
d	i	r	ò	■	a	t	t	o
i	■	e	■	f	■	t	■	■
s	i	l	l	a	b	a	r	e
c	■	l	■	t	■	r	■	c
o	r	o	■	a	c	e	t	o

No. 117

s	■	c	■	i	n	■	c	■
a	m	i	n	o	■	m	a	i
■	a	■	é	■	s	■	r	■
a	l	a	■	n	u	o	t	o
■	v	■	t	■	d	■	e	■
s	a	p	r	ò	■	b	l	u
■	g	■	e	■	m	■	l	■
z	i	a	■	d	i	r	a	i
■	o	■	f	a	■	e	■	l

No. 118

p	a	l	a	■	m	a	n	o
e	■	u	■	c	■	m	■	d
s	u	o	■	a	m	i	c	i
o	■	g	■	u	■	■	■	o
■	p	o	s	t	i	n	o	■
p	■	■	e	■	u	■	p	
a	l	c	o	l	■	o	c	a
g	■	o	■	a	■	v	■	c
a	n	n	i	■	c	o	s	e

No. 119

■	d	■	s	■	m	■	c	
b	i	c	c	h	i	e	r	e
■	r	■	o	■	o	■	e	■
p	e	r	l	a	■	g	a	s
■	z	■	o	■	g	■	z	■
z	i	o	■	c	u	o	i	o
■	o	■	s	■	a	■	o	■
i	n	f	e	z	i	o	n	e
■	i	■	i	■	o	■	e	■

No. 120

c	a	n	i	■	o	r	m	a
i	■	o	■	b	■	o	■	r
a	v	i	d	o	■	s	c	i
o	■	■	c	■	p	■	a	
■	c	l	a	c	s	o	n	■
t	■	e	■	a	■	■	r	
a	m	o	■	l	e	g	n	o
x	■	n	■	e	■	r	■	s
i	d	e	a	■	c	u	r	a

Solutions

No. 121

d	i	c	i	■	t	o	n	o
o	■	h	v	■	v	■	■	l
p	r	e	t	e	■	e	h	i
o	■	■	r	■	s	■	■	o
■	s	o	l	d	a	t	i	■
l	■	d	u	■	■	■	■	t
u	s	o	■	r	e	g	n	o
n	■	r	■	a	■	l	■	r
a	r	e	a	■	v	i	s	o

No. 122

f	a	m	a	■	m	a	g	o
i	■	o	■	o	■	g	■	t
n	o	n	■	s	p	o	r	t
e	■	d	■	t	■	■	■	o
■	m	i	s	e	r	i	a	■
s	■	■	r	■	l	■	■	l
p	a	e	s	i	■	c	h	i
i	■	s	■	a	■	u	■	m
a	l	t	o	■	d	i	v	a

No. 123

l	u	i	■	c	r	i	s	i
u	■	n	■	e	■	n	■	r
s	i	g	a	r	e	t	t	a
s	■	e	■	a	■	e	■	■
o	g	g	i	■	e	r	b	a
■	■	n	■	a	■	e	■	m
t	r	e	n	t	a	s	e	i
r	■	r	■	t	■	s	■	c
a	c	e	t	o	■	e	c	o

No. 124

b	u	s	t	e	■	m	a	i
a	■	t	■	s	■	e	■	s
r	i	a	s	s	u	n	t	o
■	■	m	■	o	■	d	■	l
p	e	p	e	■	f	i	l	a
a	■	e	■	n	■	c	■	■
c	o	l	l	o	c	a	r	e
c	■	l	■	i	■	r	■	t
o	r	a	■	a	m	e	r	à

No. 125

d	i	c	e	■	u	o	m	o
i	■	u	■	s	■	r	■	d
t	u	o	■	c	r	o	c	i
o	■	r	■	a	■	■	■	o
■	n	e	t	t	a	r	e	■
c	■	■	■	o	■	e	■	s
a	l	c	o	l	■	t	r	e
o	■	o	■	a	■	r	■	t
s	a	n	o	■	f	o	c	a